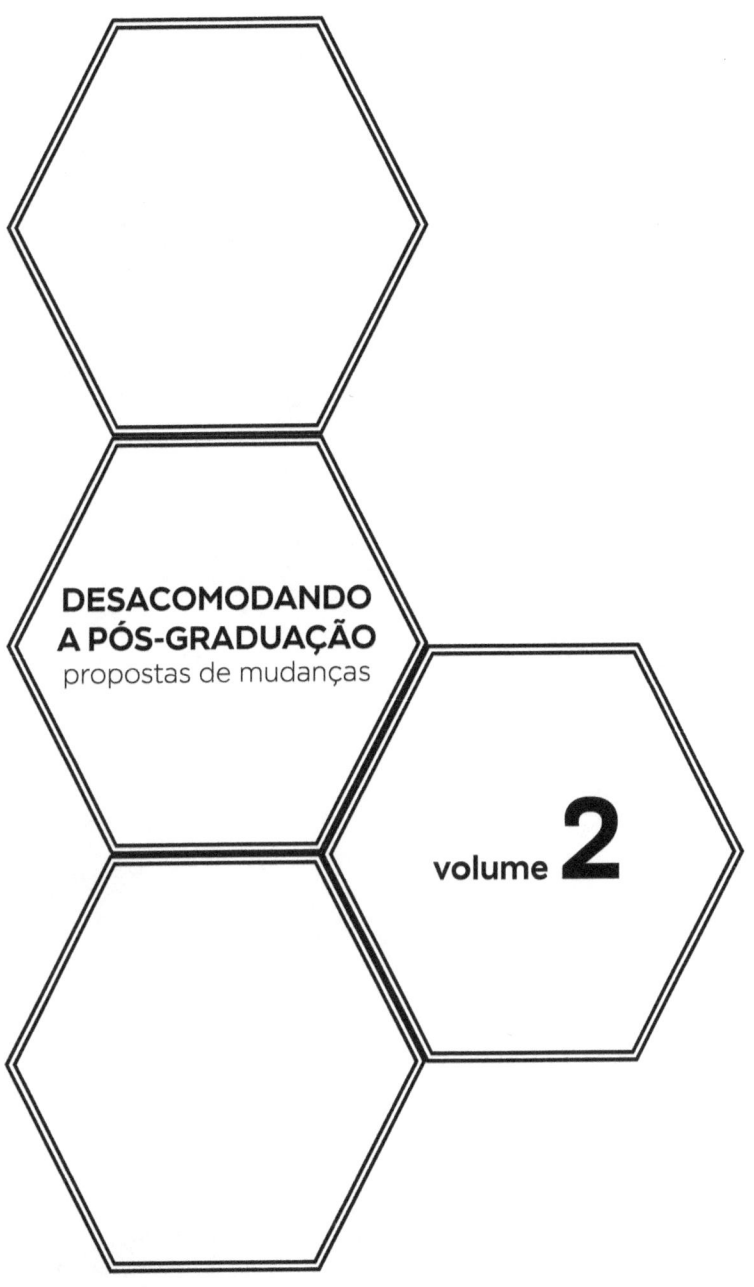

DESACOMODANDO A PÓS-GRADUAÇÃO
propostas de mudanças

volume **2**

Coleção Pós-Graduação: investigações e proposições

A Compassos Coletivos acredita que os conhecimentos são ferramentas de transformação e de construção de mundos mais justos, igualitários e amorosos. Este livro tem uma versão eletrônica disponível em acesso totalmente livre e aberto, que pode ser baixada por qualquer pessoa interessada.

Este trabalho foi realizado com apoio da FAPERJ – Fundação Carlos Chagas Filho de Amparo à Pesquisa do Estado do Rio de Janeiro, com Bolsa de Bancada para Projetos, no âmbito do Programa Jovem Cientista do Nosso Estado E-26/201.356/2021. (Brasil)

Este trabalho foi financiado por fundos nacionais através da FCT - Fundação para a Ciência e a Tecnologia, I.P., no âmbito dos Projetos UID04521 & UID06522. (Portugal)

DESACOMODANDO A PÓS-GRADUAÇÃO
propostas de mudanças

volume **2**

Compassos Coletivos

2025

ComPassos Coletivos

livros@compassoscoletivos.com.br

Rio de Janeiro | Brasil

Conselho Editorial

Profª. Drª. Daniele Maria Oliveira de Jesus (Australia)
Prof. Dr. Igor Vinicius Lima Valentim (Brasil)
Prof. Dr. José Maria Carvalho Ferreira (Portugal)
Prof. Dr. Paulo Roberto da Silva (Brasil)
Prof. Dr. Ricardo Luiz Pereira Bueno (Brasil)
Profª. Drª. Simone Torres Evangelista (Brasil)

Primeira edição: 2025

Capa: Igor Valentim e Claucia Faganello
Imagem da Capa: Gerada por IA via Microsoft Designer

Trechos deste livro podem ser reproduzidos, desde que seja citada a fonte e que isso aconteça sem finalidade comercial e/ou lucrativa. Para a reprodução do livro completo é necessária a autorização da editora.

Catalogação na Publicação (CIP)

D4414

  Desacomodando a Pós-Graduação: propostas de mudanças / organizadores Igor Vinicius Lima Valentim, Claucia Piccoli Faganello e Juliana Crespo Lopes. - Rio de Janeiro: ComPassos Coletivos, 2025.

  Coleção Pós-Graduação: investigações e proposições. Volume 2. 199 p.

  Inclui referências, índice remissivo e informações sobre os autores.

  ISBN (edição impressa): 978-85-66398106
  DOI: 10.5281/zenodo.14631837

  ISBN (edição digital EPUB): 978-85-66398090

  1. Educação Superior 2. Universidade 3. Pós-Graduação I. Título.
  CDU 378.046.4

"The greatest crimes in the world are not committed by people breaking the rules but by people following the rules"

"Os maiores crimes no mundo não são cometidos por pessoas quebrando as regras, mas por pessoas seguindo as regras"
- Banksy

SUMÁRIO

13 Um convite ao incômodo
Juliana Crespo Lopes
Igor Vinicius Lima Valentim
Claucia Piccoli Faganello

19 Queremos saber: sobre estradas e pontes
Aretusa Brandão Brito

35 A mudança necessária nas instituições de Educação Superior: das Escolas de Ensino Superior à Universidade integrada e multifuncional
Caian Cremasco Receputi

51 Carta aberta à CAPES: reflexões necessárias para uma política de cuidado na pós-graduação brasileira
Cláucia Piccoli Faganello
Rosiane Alves Palacios

67 Por uma pós-graduação baseada em perguntas, curiosidades e tesão
Igor Vinicius Lima Valentim

83 Sintomas da crise da pós-graduação face à emergência das TICs
José Maria Carvalho Ferreira

101 Ensinar e orientar na pós-graduação: processos de formação docente para o mestrado e doutorado
Juliana Crespo Lopes

117 Demandas de uma pós-graduação nas interfaces
Maira Monteiro Fróes

133 Por uma métrica mais abrangente para avaliação docente em programas de pós-graduação
Wilson Mouzer Figueiró

165 Depois do incômodo: propor e agir!
Claucia Piccoli Faganello
Juliana Crespo Lopes
Igor Vinicius Lima Valentim

179 Índice Remissivo

187 Sobre as autoras e os autores

1

UM CONVITE AO INCÔMODO

Juliana Crespo Lopes
Igor Vinicius Lima Valentim
Cláucia Piccoli Faganello

Este livro é o tipo de produção acadêmica que fez sentido produzir e que, esperamos, faça sentido durante a sua leitura. Ele é o quinto desdobramento de uma construção coletiva ainda recente, mas que ainda vai incomodar muito! O uso do verbo "incomodar" pode desagradar algumas pessoas por carregar a interpretação de uma intencionalidade infantil e de incômodo gratuito. E é nisso que vale a pena nos debruçarmos por alguns segundos: a infância não é negativa, muito pelo contrário. É um momento da vida em que buscamos o melhor. Crianças não se acomodam. Elas criam mundos, caminhos e realidades sem restrições ou amarras. Nesse sentido, o incômodo que podemos vir a causar não é gratuito, muito pelo contrário: é da ordem prática, de pensarmos juntos para proporrmos e construirmos as novas realidades que desejamos viver e estimular na pós-graduação.

O primeiro desdobramento foi o primeiro evento da série Construindo Outra Pós-Graduação, realizado em 2023, em Portugal. Nele, discutimos de forma online e presencial sobre vivências, experiências e rumos sonhados. Este evento levou ao segundo desdobramento, que foi o primeiro volume deste livro. Com contribuições propositivas, ele está disponível em acesso livre e aberto.

Em 2024 realizamos o terceiro desdobramento: um segundo evento, dessa vez no Rio de Janeiro, e com uma parte presencial mais longa e propositiva. No momento em que escrevemos a apresentação deste livro estamos também em processo de conclusão de uma disciplina ofertada para estudantes de PPG de diferentes locais do Brasil, chamada "Educação Superior: desobediência é necessária", que é nosso quarto desdobramento, proposto no evento do Rio de Janeiro. Tentamos começar a ir além das palavras escritas e, neste sentido, alguns materiais relacionados aos eventos estão disponíveis no Youtube.

É importante contar um pouco aqui dessas ações e produções para explicitar que nossa intenção é a ação. É produzir fissuras e atuar nelas. É mergulhar em propostas de início pensado, mas de processos e finais incertos. Propor e produzir caminhos e possibilidades para uma Pós Graduação que seja honesta, cuidadosa e respeitosa em suas estruturas e relações, abarcando o cuidado em suas diferentes dimensões, para que de fato pertença ao campo educacional e não se restrinja a (re)produções infindáveis de artigos.

Esta obra conta com oito capítulos, todos escritos por participantes do II Construindo Outra Pós-Graduação, realizado na Universidade Federal do Rio de Janeiro em 2024. Iniciaremos com o convite de Aretusa Brandão Brito para que a pós-graduação perceba a educação básica não apenas como um potencial campo de pesquisa, mas como um espaço de produção de saberes. Ela sugere que pensemos em parcerias reais entre os dois espaços educacionais, seja promovendo aprendizagens mais significativas nas escolas através de pesquisas e experiências, seja em estabelecer construções verdadeiramente coletivas de conhecimentos em benefício de ambos os públicos.

No segundo capítulo, Caian Cremasco Receputi inspira-se nas ideias de Florestan Fernandes, propondo uma universidade integrada que participe ativamente do desenvolvimento econômico, social e cultural, conciliando ensino, pesquisa e produção de pensamento crítico. O autor sugere estratégias para reestruturar as universidades, como integração às políticas governamentais, revisão do papel da pós-graduação e valorização do vínculo entre academia e sociedade. Por fim, ele enfatiza a necessidade de reconstruir a cultura universitária, alinhando a formação acadêmica às demandas sociais e políticas, e destaca a importância de movimentos coletivos para pressionar por mudanças estruturais.

No terceiro capítulo, Cláucia Piccoli Faganello e Rosiane Alves Palacios discutem a evolução da pós-graduação no país, destacando o aumento no número de mestres e doutores e a expansão regional, mas também evidenciando desafios como desigualdades, evasão, e a precariedade de condições para estudantes. As autoras abordam o impacto negativo da sobrecarga acadêmica e da falta de direitos trabalhistas, destacando a prevalência de transtornos mentais, como depressão e ansiedade, entre estudantes de pós-graduação. Neste cenário, elas apresentam uma carta de recomendações à CAPES defendendo uma política nacional de cuidado na pós-graduação para garantir melhores condições aos estudantes e fortalecer a ciência brasileira.

    O quarto capítulo, de Igor Vinicius Lima Valentim, propõe resgatar a curiosidade e o ato de perguntar como elementos centrais na pós-graduação, além de frisar o prazer e o entusiasmo enquanto basilares nas atividades de pesquisa. O autor sugere que se integre subjetividade, ética e emoção nas investigações acadêmicas, destacando a importância de perguntas que não possam ser respondidas apenas por tecnologias ou IAs. Por fim, defende a reorganização de programas de mestrado e doutorado para fomentar perguntas originais e estimular a criatividade, alinhando a formação acadêmica às demandas sociais e ao impacto inovador.

    O quinto capítulo, de José Maria Carvalho Ferreira, aborda a crise nas pós-graduações universitárias sob o impacto das Tecnologias de Informação e Comunicação (TICs). O texto discute o desajuste epistemológico e metodológico das ciências sociais e humanas, a evolução histórica da pós-graduação, e o impacto dos "trinta gloriosos" anos do capitalismo (1945-1975). Explora ainda as transformações provocadas pelas TICs nos modelos clássicos de formação, pesquisa e pedagogia, destacando as novas exigências do mundo virtual e seus dilemas éticos e sociais.

    No sexto capítulo, Juliana Crespo Lopes reflete sobre os desafios e as lacunas na formação docente para atuação no ensino superior e na pós-graduação. A autora analisa o contraste entre o domínio técnico e a necessidade de habilidades pedagógicas, ressaltando a importância de práticas colaborativas e centradas nos estudantes. Propõe ações para aprimorar a formação docente, como disciplinas pedagógicas em programas de pós-graduação e estágios supervisionados. Com abordagem pessoal e reflexiva, o texto destaca a relevância do diálogo, da vulnerabilidade e da construção coletiva na relação entre docentes e orientandos.

    O sétimo capítulo, de Maira Monteiro Fróes, discute a necessidade de reformulação das pós-graduações interdisciplinares para enfrentar os desafios contemporâneos. A autora enfatiza a importância de modelos educacionais que priorizem conexões transepistêmicas e estímulos à criatividade, abordando questões como sustentabilidade, inclusão social e diversidade epistemológica. Propõe estratégias que rompam com paradigmas disciplinares rígidos, favorecendo a colaboração e inovação. Destaca a urgência de adaptar critérios de avaliação da CAPES para reconhecer o impacto e a relevância das práticas interdisciplinares na formação de pesquisadores e na resolução de problemas globais.

Por fim, no último capítulo, Wilson Mouzer Figueiró problematiza as formas atuais de contabilização de pontos provenientes das ações de pesquisadores na pós-graduação. A partir desta leitura crítica, o autor traz uma detalhada sugestão para que se estruture uma nova métrica capaz de avaliar as diferentes produções e práticas docentes na pós-graduação.

Desejamos a você uma leitura repleta de sentidos que contribuam para que você se incomode e se junte a nós nas propostas e construções de novas realidades que desejamos viver e estimular na pós-graduação!

2

QUEREMOS SABER
sobre estradas e pontes

Aretusa Brandão Brito

Olá, pessoa do futuro. Quero falar com você.

E... não! Embora eu tenha fascinação pelas histórias dos livros e filmes que tratam de viagem no tempo, nunca encontrei a fórmula científica que me permitisse fazer esse tipo de viagem. Nenhum buraco de minhoca, nenhum espelho mágico ou armário com acesso a outros mundos e dimensões. Mas, pensando na relatividade e dilatação do tempo, sei que quando você estiver lendo este capítulo já será um futuro, não apenas possível, como real, ainda que seja por uma simples diferença de minutos.

Como afirma Leonardo Boff (1997, p. 9-10),

> Ler significa reler e compreender, interpretar. Cada um lê com os olhos que tem. E interpreta a partir de onde os pés pisam. Todo ponto de vista é a vista de um ponto. Para entender como alguém lê, é necessário saber como são seus olhos e qual é sua visão de mundo. Isso faz da leitura sempre uma releitura. A cabeça pensa a partir de onde os pés pisam. Para compreender, é essencial conhecer o lugar social de quem olha. Vale dizer: como alguém vive, com quem convive, que experiências tem, em que trabalha, que desejos alimenta, como assume os dramas da vida e da morte e que esperanças o animam. Isso faz da compreensão sempre uma interpretação.

Com o caminho aberto pelo filósofo, peço a licença de falar em primeira pessoa, interpretando alguns dados segundo a vista que meus pés permitem que meus olhos enxerguem.

A proposta deste capítulo surgiu a partir do evento "Construindo Outra Pós-Graduação", que aconteceu no Rio de Janeiro, em 2024, e reuniu pessoas interessadas em discutir a universidade que temos hoje e quais as possibilidades para mudanças concretas. Vivendo em dois mundos distintos, o da Escola de Educação Básica e o do curso de Mestrado na Universidade, muitas vezes me peguei refletindo sobre a incoerência de esses mundos parecerem tão diferentes, sendo ambos parte do mesmo sistema de ensino brasileiro. É este o meu ponto de partida.

Sempre fui curiosa.

Desde pequena gostava muito de ler tudo o que

conseguia e de entender as coisas que não sabia. Pela TV via os acontecimentos do mundo e imaginava todo o universo das descobertas acessível a todas as pessoas. Acompanhei de muito longe a caminhada da humanidade pelo espaço: o lançamento do ônibus espacial Columbia, o acidente com o Challenger (porque nem só de êxitos vive a ciência), a primeira caminhada solta de um ser humano no espaço, o Hubble transmitindo projeções inéditas das estruturas espaciais e, hoje, as incríveis imagens do James Webb, utilizadas como papel de parede em notebooks e smartphones (e viva a cultura pop!).

Ao recordar das imensas filas que enfrentava no "orelhão" para conseguir conversar com pessoas que estavam distantes, já que o aparelho telefônico não era um bem acessível a todas as famílias naquela época, percebo que num piscar de olhos o aparelho de telefone móvel, o celular, invadiu e transformou nossas vidas. Hoje, uma demora de cinco minutos para responder no aplicativo de mensagens já é motivo de impaciência. E pensar que, se nenhuma das duas pessoas tivesse um telefone em casa, há alguns anos esperaríamos dias para receber a resposta escrita da pessoa querida pelos correios!

Ao mesmo tempo em que estava vivendo, ao vivo e em cores, o advento das transformações, minha curiosidade me instigava a questões para as quais ainda hoje não encontro respostas: se a ciência está tão desenvolvida, por que não há alimento para todos? Porque as grandes cidades ainda apresentam tantos problemas, apesar das notáveis invenções da pós-modernidade? Porque ainda há tantas doenças sem cura e, havendo cura, esta não chega a todas as pessoas que dela necessitam? Isso me fez recordar de uma canção do cantor e compositor Gilberto Gil (1976):

> Queremos saber
> O que vão fazer
> Com as novas invenções
> Queremos notícia mais séria
> Sobre a descoberta da antimatéria
> E suas implicações

Na emancipação do homem
Das grandes populações
Homens pobres das cidades
Das estepes, dos sertões
Queremos saber
Quando vamos ter
Raio laser mais barato
Queremos de fato um relato
Retrato mais sério
Do mistério da luz
Luz do disco voador
Pra iluminação do homem (...)

Mas isso não é um exercício de saudosismo; pelo contrário, é o rascunho de um cenário temporal que possa contextualizar as questões aqui discutidas.

É inegável a rápida transformação do mundo proporcionada pelo avanço das ciências. A ação humana no *Antropoceno*[1] tem modificado o planeta em uma escala colossal, promovendo benefícios e riscos para a mesma humanidade: o aumento da expectativa de vida, a produção de tecnologias cada vez mais avançadas que facilitam e otimizam a vida cotidiana e a produção rápida de alimentos industrializados convivem com o aumento da população e fome mundial, notícias de nanoplásticos encontrados no organismo humano e o aumento contínuo de resíduos tóxicos no meio ambiente, por exemplo.

Se observarmos o campo das ciências humanas, verificaremos um avanço também relevante. Discussões referentes a direitos humanos, política internacional, questões de gênero, raça e diversidade cultural não aconteceriam em boa parte do planeta até poucos anos

---

1   Termo que define uma nova época geológica, moldada pela potência humana e ainda em progresso. Saiba mais em: MENDES, J. (2020). O "Antropoceno" por Paul Crutzen & Eugene Stoermer. Anthropocenica. Revista De Estudos do Antropoceno e Ecocrítica, 1, p.113-116.

atrás, ainda que persista um longo caminho a ser percorrido em muitos desses aspectos. A transnacionalização, a globalização e o desenvolvimento de conjuntos cada vez mais sofisticados de dados digitais são alguns dos elementos que têm transformado as fronteiras e alterado as distâncias nas relações econômicas e culturais entre os países.

Embora tantas transformações aconteçam em todo o mundo, há espaços ocupados em nossa sociedade que parecem estar estagnados ou possuir um ritmo próprio e totalmente descompassado se forem comparados aos exemplos dados. Um desses lugares é a escola de educação básica pública no Brasil. Pacheco (2014, p.12) amplia essa mesma observação para o formato das escolas de um modo geral:

> Enquanto a comunicação social faz eco de discurso de políticos, que nos falam de desenvolvimento sustentável e dos saberes e competências para fazer face a um mundo incerto e em mudança acelerada, os profissionais da educação reproduzem práticas fossilizadas. [...] Num tempo em que se proclama o reconhecimento das diferenças, o ato pedagógico mantém-se cativo de um fordismo tardio, ainda que se enfeite a sala de aula com novas tecnologias.

Para Pacheco (2014, p. 55), o medo da mudança é uma das razões pelas quais os professores permanecem repetindo métodos utilizados há muito tempo, esperando resultados diferentes. Se a mudança ainda não aconteceu, trata-se de algo que não existe e, segundo o autor, não deveria ser motivo de medo. O medo tem sido companheiro da nossa espécie e possui sua importância no processo evolutivo, mas não impediu que esse caminho fosse atravessado de descobertas e invenções surpreendentes. A pergunta elementar, sobre os motivos de a escola se apresentar indiferente às transformações ao seu redor, ainda que por essência seja o lugar onde o conhecimento circula e é produzido, ainda não me parece respondida. Talvez seja importante buscar outras formas de olhar para este fenômeno.

Observando o cenário de forma mais ampla, a educação enfrenta muitos desafios em todas as etapas e esferas. O Plano Nacional de Educação, Lei 13.005 (Brasil, 2014), com vigência de dez anos, termina seu período decenal em 2024 com apenas três de suas vinte metas alcançadas. Entre as que apresentaram avanços estão o aumento das matrículas na Educação Profissional Técnica de Nível Médio e a elevação do número de professores da Educação Básica formados em nível de pós-graduação e, nesses casos, as avaliações (Brasil, 2024) apontam um alcance apenas parcial. Quanto à maior parte das metas, principalmente as que afetam diretamente os estudantes da Educação Básica, está ainda muito distante de uma concretização que reflita em mudanças efetivas para o ensino brasileiro. As justificativas utilizadas para explicar o não cumprimento do estabelecido na lei partem da falta de investimento financeiro e, principalmente, dos efeitos da pandemia de Covid-19, que agravou as desigualdades sociais e causou impactos que afetaram essencialmente os indicadores utilizados para traçar o panorama da educação no país, de acordo com o Relatório do 5º Ciclo de Monitoramento das Metas do PNE (2024).

O mesmo relatório aponta que, apesar do triste panorama geral, a produção acadêmica no Brasil tem demonstrado crescimento considerável nas últimas duas décadas, mesmo com uma retração verificada no período pós-pandêmico, refletindo o alcance de importantes patamares de crescimento do número de mestres e doutores no país, em sua maior parcela formados em universidades públicas. Podemos atribuir parte deste crescimento ao estabelecimento das metas específicas de formação em nível de pós-graduação no Plano Nacional de Educação (Brasil, 2015).

O PNE estabeleceu, ainda em suas diretrizes, a promoção da ciência e a melhoria da qualidade educacional, entre outras igualmente importantes, com a ambiciosa pretensão de garantia dos direitos educacionais aos estudantes de todas as etapas do ensino, sem perder de vista a justiça social e o desenvolvimento humano de forma integral.

Mesmo com os esforços de alguns setores da sociedade para a efetivação das diretrizes e alcance das metas fixadas, os impactos causados pela pandemia da Covid-19 na educação ainda são percebidos em salas de aulas de todo o país neste período em que o PNE é reavaliado para a construção de um novo plano. É fundamental ressaltar que estes não são os únicos desafios conhecidos enfrentados pela educação. Em análise simples, considerando uma perspectiva histórica, podemos listar uma série de obstáculos que se interpõem na corrida pelo conhecimento, como o sucateamento das escolas e universidades públicas, a falta de incentivo financeiro e de estrutura física adequada e a desvalorização do magistério.

Agora, vamos ajustar o foco para a etapa da Educação Básica. Em uma análise mais específica, é possível verificar a alarmante defasagem de aprendizagem entre os estudantes. Mas, em que medida falar sobre a Educação Básica toca na trilha da pós-graduação para além do fato explícito de que nesses estudantes se está escrevendo o futuro da Educação Superior?

A resposta que for dada a essa questão pode demonstrar a existência de estradas transitáveis entre o ensino nas diferentes etapas. Ou, ainda, evidenciar a necessidade de ampliação das vias entre os dois mundos. Há pontos de convergência? Que perguntas os programas de mestrado e doutorado das universidades públicas precisam responder às crianças e adolescentes das escolas públicas?

Neste ponto, falo como estudante da pós-graduação, como gestora de escola pública e como professora. Ainda que limitados por diversos muros e grades, esses pontos de vista trazem perspectivas que aumentam as perguntas que me acompanham. Um grande amigo costuma dizer que pergunto demais. São muitos os porquês que atravessam a minha vida e a minha prática, ou, como afirmam Skliar e Larrosa (2009, p.16), é o princípio de subjetividade ou de reflexividade que permite que inúmeros aspectos exteriores transpassem a trajetória daqueles que trabalham com educação. E não apenas dos que trabalham, mas principalmente dos estudantes. A experiência, aquilo que nos toca, mobiliza, impulsiona, dá significado e inspira à construção de novos conhecimentos e memórias, deveria ser o ponto de partida do nosso sistema de ensino.

Contudo, ainda que teses e dissertações por vezes sejam desenvolvidas em espaços escolares utilizando observações, entrevistas, questionários e análise de documentos, entre outros instrumentos, a produção científica realizada no Brasil não manifesta seus efeitos ou demora muito para chegar ao conhecimento de professores e alunos nas escolas da Educação Básica. Anualmente, um número expressivo de produtos da pesquisa acadêmica é entregue, avaliado e aprovado por profissionais experientes em cada área; enquanto isso, a escola não tem assegurado o desenvolvimento dos saberes necessários a cada estágio do ensino e continua apresentando resultados semelhantes aos alcançados anteriormente, salvo algumas experiências consideradas exitosas, cujo alcance nem sempre pode ser reproduzido em outras realidades.

Estaria o conhecimento científico produzido por mestres e doutores restrito à mesma comunidade acadêmica, em um insulamento que aprisiona o conhecimento desenvolvido? Para hooks (2021, p. 28),

> Um dos perigos que encaramos em nossos sistemas educacionais é a perda do sentimento de comunidade, não apenas a perda de proximidade com as pessoas com quem trabalhamos e com nossos alunos e alunas, mas também a perda de um sentimento de conexão e proximidade com o mundo além da academia.

Embora considerando que não exista a possibilidade de uma receita mágica de ensino ou de aprendizagem em um país com as dimensões e a diversidade do Brasil, em uma sociedade onde há a promoção da ciência em consonância com a melhoria da qualidade educacional, não seria estranho esperar que a educação fervilhasse com a quantidade de saberes experienciados na vivência dos centros de educação infantil e das salas e pátios das escolas de ensino fundamental e médio, movidos pela efervescência das pesquisas acadêmicas.

Existem caminhos já iniciados neste sentido, ainda que falte pavimentação, para que a pós-graduação se aproxime das escolas públicas? Quão distantes estão os caminhos? Se as distâncias não são mensuráveis ou se assemelham a abismos, não basta a pavimentação: é urgente a construção de pontes.

Bell hooks afirma que sua "esperança emerge

daqueles lugares de luta nos quais testemunho indivíduos transformando positivamente sua vida e o mundo ao seu redor. Educar é sempre uma vocação arraigada na esperança." Assim como ela, acredito no poder da união e da coletividade. Acredito na força da educação enquanto exercício de esperança, como uma bolsa de valores de um mercado de futuro em que as ações se dão no presente e cujos efeitos nem sempre conseguimos verificar de forma palpável. Assim, se a criação de políticas públicas se origina das demandas e articulação da sociedade, isso determina um espaço de luta natural, principalmente em se tratando de educação, campo sócio-histórico ambivalente de disputas e descaso. Se os avanços educacionais não são dados, mas conquistados, é fundamental a ação inicial de pessoas dispostas a se embrenhar em caminhos alternativos às práticas hegemônicas.

Lembrando novamente de Pacheco (2014, p. 25), "as comunidades de aprendizagem surgem, não como enfeite de tese, ou paliativo para a precária situação, mas como uma das possíveis alternativas à escola que ainda temos". Ele fala das instituições de ensino que no Brasil correspondem àquelas destinadas a crianças e adolescentes. Penso que é necessário ampliar o sentido de comunidade para que alcance e abrace também as universidades.

Algumas iniciativas vêm acontecendo neste sentido, especialmente na construção de redes de colaboração entre universidades e escolas de Educação Básica. Ainda que desenvolvidas de forma tímida, essas ações permitem que a base teórica discutida e desenvolvida na universidade seja colocada em prática na escola. Com o trabalho conjunto entre as diferentes etapas do ensino é possível o desenvolvimento de projetos inovadores que despertem o interesse dos alunos e favoreçam a aprendizagem. As redes de colaboração podem oportunizar ainda a aplicação do conhecimento acadêmico para a resolução de desafios da comunidade, diminuindo as distâncias entre o conhecimento acadêmico e a "vida real".

Um outro exemplo de ação aplicável são programas de intercâmbio entre professores e pesquisadores, de modo que as pesquisas desenvolvidas na e com a escola demonstrem seus efeitos imediatos, com a participação ativa dos sujeitos envolvidos, ao mesmo tempo em que o docente da educação básica tenha a possibilidade de cursar disciplinas da pós-graduação ou oficinas e cursos de extensão que ampliem seus conhecimentos sobre as pesquisas realizadas.

A realização de eventos como fóruns, congressos e seminários conjuntos, que incentivem a participação de estudantes e profissionais de diferentes níveis e categorias e proponham a discussão de temas relevantes para a educação de modo geral pode ser ainda uma forma de divulgar o conhecimento científico na sociedade e envolver pessoas com interesses comuns para o fortalecimento ou a criação de movimentos coletivos. Da mesma forma, é possível a organização de cursos, workshops e a distribuição de materiais informativo aos diferentes profissionais que atuam em escolas, da gestão ao pessoal responsável pela alimentação dos estudantes, em um entendimento de que toda a sociedade deve ser corresponsável pela educação das crianças e jovens.

A internet tem se mostrado uma ferramenta cada vez mais utilizada por pessoas de diferentes idades para a realização de conexões e busca de informação e entretenimento. Em um tempo em que notícias falsas circulam com velocidade e força capazes de definir eleições para cargos políticos ou prejudicar a distribuição de vacinas, é essencial que a ciência passe a ocupar também esse espaço de forma mais intensa. Há canais e perfis nas redes sociais que já se dispõem a propagar o conhecimento científico e a esclarecer fatos, conquistando cada vez mais seguidores. Os cientistas das diversas áreas possuem ao seu alcance um instrumento com potencial de popularizar os saberes desenvolvidos nas universidades e podem fazê-lo em associação interdisciplinar com estudantes de outras áreas na criação de conteúdo, recursos pedagógicos digitais, jogos interativos, vídeos e outros produtos tecnológicos, com linguagem acessível aos profissionais da Educação Básica.

Krenak (2022) reflete sobre o ensino das crianças nos territórios indígenas e as formas como se organizam os ambientes de aprendizagem, demonstrando que, se há "um grupo de pessoas com o propósito de fazer uma investigação coletiva", é possível aprender em qualquer lugar. Em suas reflexões, aponta indícios de alternativas possíveis para uma educação que não tenha como prática a formatação de pessoas, e sim o desenvolvimento pleno e sustentável, alcançado por meio de vivências concretas na e com a natureza e da convivência coletiva, essencial para o entrelaçamento de saberes e a construção de novos conhecimentos.

Partindo de ações individuais ou em pequenos grupos é possível diminuir as distâncias que separam a realidade da Pós-graduação das escolas de Educação Infantil, Ensino Fundamental e Médio. A Constituição Federal de 1988, também chamada de Constituição Cidadã, estabelece em seu texto que a educação deve visar o pleno desenvolvimento da pessoa, o que inclui, para além das habilidades referentes às áreas de conhecimento, a participação política e a tomada consciente de decisões. Neste mesmo sentido, é fundamental a participação política e informada por parte dos profissionais da educação, em seus diferentes níveis, na cobrança por políticas públicas que possam constituir o projeto das pontes necessárias para a efetivação dos vínculos entre as diferentes etapas.

Tratando ainda dos caminhos criados, a prática da Ciência Aberta tem sido alvo de discussões entre especialistas de vários lugares do planeta, tendo recebido recomendações pela UNESCO (2022) e com marcos regulatórios iniciados em diferentes países, incluindo o Brasil, o que representa um avanço no compartilhamento das informações científicas. A ideia é a de que, com a ciência cada vez mais colaborativa e acessível, os conhecimentos se agreguem para solucionar problemas novos e antigos. Isso talvez contribua com uma comunicação mais horizontal entre os saberes dos pesquisadores e as necessidades práticas das demais pessoas.

"Não podemos existir sem nos interrogar sobre o amanhã, sobre o que virá, a favor de que, contra que, a favor de quem, contra quem virá; sem nos interrogar em torno de como fazer concreto o "inédito viável" demandando de nós a luta por ele". Freire (1992, p. 47) nos recorda que ainda é permitido sonhar uma educação possível. O inédito viável é um convite para o diálogo, a crítica e a conspiração de forças transformadoras de realidades. Assim como no mercado de futuro, é preciso agir no presente com vistas a esse amanhã que, criado na utopia, tem a possibilidade de se tornar concreto. O que hoje vemos é um excesso de passado em nossa educação pública, seja na organização das salas de aula ou na forma como o conhecimento circula entre professores e alunos, em que as experiências vividas pelos sujeitos, normalmente, são apenas a fala, por parte do professor e a escuta, por parte dos alunos.

Este não é um manifesto em nome de uma modernização ou futurização dos espaços escolares e universitários, em que mudanças superficiais ditadas por tendências criadas por forças externas a esses ambientes de convivência são impostas, negando o poder de agência dos sujeitos dos processos de ensino e de aprendizagem. Também não é um discurso a favor do domínio mercadológico sobre o ensino, apesar das analogias feitas ao mercado financeiro. Os valores envolvidos nesta bolsa estão mais relacionados aos conceitos de cidadania, autonomia e às habilidades compatíveis com a atividade científica: a curiosidade, a capacidade de análise, a criticidade, a cooperação.

Voltando ao (também doutor) Gilberto Gil (1976):

Queremos saber

Queremos viver

Confiantes no futuro

Por isso se faz necessário

Prever qual o itinerário da ilusão

A ilusão do poder

Pois se foi permitido ao homem

Tantas coisas conhecer

É melhor que todos saibam

O que pode acontecer

Para vivermos confiantes no futuro em um agora cheio de incertezas precisamos assumir um compromisso com o mundo que queremos. Com a escola que desejamos. Com a universidade que sonhamos. Krenak (2022), assim como Pacheco (2014), fala de sonho. Da necessidade de compreendermos a dimensão das transformações que estamos testemunhando dia após dia e da urgência em reconfigurarmos nosso modo de vida para criarmos, coletivamente, um desenvolvimento humano mais sustentável e justo. Da necessária construção de todo um sistema viário de relações entre pessoas e conhecimentos.

Ribeiro (2019) chama de "sonho lúcido" a capacidade que temos de sonhar acordados os sonhos possíveis de serem tornados em realidade, de transformarem a realidade. Precisamos cultivar os sonhos lúcidos em nossos estudantes, professores e em toda a comunidade.

Este é um texto datado. Sim, e da mesma forma como o planeta é constantemente transformado pelas inovações científicas, espero que a situação da educação brasileira já não seja a mesma que a atual para os profissionais do futuro ou que, pelo menos, a definição dos modelos utilizados para o ensino nos diferentes níveis seja fruto de diálogo e escolhas intencionais dos sujeitos, por meio das quais o conhecimento possa prosseguir em sua jornada de forma livre e disponível a quem se disponha a conhecê-lo.

E qual é o seu ponto de vista?

Referências

BOFF, Leonardo. **A águia e a galinha, a metáfora da condição humana**. 40 ed. Petrópolis, RJ: Vozes, 1997.

BRASIL. **Constituição da República Federativa do Brasil**: texto constitucional promulgado em 5 de outubro de 1988, com as alterações adotadas pelas Emendas constitucionais nºs 1/1992 a 128/2022, pelo Decreto legislativo nº 186/2008 e pelas Emendas constitucionais de revisão nºs 1 a 6/1994. -- 62. ed. -- Brasília: Câmara dos Deputados, Edições Câmara, 2023.

BRASIL. Instituto Nacional de Estudos e Pesquisas Educacionais Anísio Teixeira. **Plano Nacional de Educação PNE 2014-2024**: Linha de Base. – Brasília, DF: Inep, 2015.

BRASIL. Instituto Nacional de Estudos e Pesquisas Educacionais Anísio Teixeira. **Relatório do 5º ciclo de monitoramento das metas do Plano Nacional de Educação – 2024**. – Brasília, DF: Inep, 2024.

FREIRE, P. **Pedagogia da esperança**: um reencontro com a Pedagogia do Oprimido – Notas: Ana Maria Araújo Freire. Rio de Janeiro: Paz e Terra, 1992.

HOOKS, bell, 1952- **Ensinando comunidade**: uma pedagogia da esperança / bell hooks; tradução Kenia Cardoso. — São Paulo: Elefante, 2021.

KRENAK, Krenak. **Futuro ancestral**. São Paulo: Companhia das Letras, 2022.

PACHECO, José. **Aprender em comunidade**. São Paulo: Edições SM, 2014.

QUEREMOS saber. Compositor e intérprete: Gilberto Gil. In: **O VIRAMUNDO**. Intérprete: Gilberto Gil. Rio de Janeiro: PolyGram, 1976. 1 disco vinil.

RIBEIRO, Sidarta. **O Oráculo da Noite**: a história e a ciência do sonho. São Paulo: Companhia das Letras,

2019.

SKLIAR, C. & LARROSA, J. **Experiencia y alteridad en educación**. Rosario: Homo Sapiens Ediciones / FLACSO, 2009.

UNESCO. **UNESCO Recommendation on Open Science**. [S.P]: Unesco, 2022. Disponível em: https://unesdoc.unesco.org/ark:/48223/pf0000379949. Acesso em: 15 jul. 2024.

Caian Cremasco Receputi

A MUDANÇA NECESSÁRIA NAS INSTITUIÇÕES DE EDUCAÇÃO SUPERIOR
das Escolas de Ensino Superior à Universidade Integrada e Multifuncional

3

Introdução

Ao longo dos séculos, as universidades passaram por diversos modelos institucionais. Inicialmente, eram voltadas para a manutenção e reprodução do conhecimento; posteriormente, focalizaram na pesquisa, na formação de profissionais para o mercado de trabalho, e na prestação de serviços demandados pela sociedade. O modelo atual tende a integrar todos os anteriores, resultando em uma instituição complexa e multifacetada (CASTANHO, 2002; WOLFF, 1993). Da mesma forma, a pós-graduação teve seus objetivos e características transformados conforme a organização universitária passou por essas transições (TAYLOR, 2012; WOLFF, 1993).

No início do século XX, o Brasil ainda carecia de uma tradição consolidada em pesquisa científica. Somente na década de 1970 o sistema de pós-graduação começou a adquirir relevância, impulsionado pelo crescimento exponencial do financiamento à pesquisa e pela criação de cursos de pós-graduação (MOTTA, 2014). Essa expansão está intrinsecamente relacionada à tomada de consciência sobre a importância da pós-graduação para o desenvolvimento das diversas áreas do conhecimento, refletindo no progresso social, técnico e científico das nações (JONES, 2013).

No Brasil, o sistema de pós-graduação tem se expandido a partir do fomento da Coordenação de Aperfeiçoamento de Pessoal de Nível Superior – CAPES (OLIVEIRA, 2015). Essa expansão está associada à criação de mecanismos que visam estimular a competitividade e o desempenho das Instituições de Educação Superior (IES), especialmente na pós-graduação, através da redução dos prazos de titulação e do aumento na produção de artigos científicos, patentes e produtos industriais (RECEPUTI; VOGEL; REZENDE, 2021; OLIVEIRA, 2015; TAYLOR, 2012). No entanto, esse cenário tem contribuído para o aumento de quadros de sofrimento e adoecimento entre professores (BORSOI; PEREIRA, 2013) e estudantes (MAIA, 2022; EVANS et al., 2018).

Este movimento contraditório resulta em várias características, tais como:

i. o isolamento das universidades, refletido em pesquisas abstratas, sem conexão com o entorno social ou com uma predisposição para a mudança social;

ii. o privilégio da pesquisa em detrimento do ensino e da extensão;

iii. a dificuldade em empregar profissionais altamente qualificados (os doutores);

iv. a falta de integração entre a pesquisa científica e os setores culturais, técnicos e científicos;

v. a ênfase na formação de profissionais liberais (ou, mais recentemente, empreendedores) em detrimento de quadros que contribuam para o desenvolvimento nacional.

Identifica-se também que as Instituições de Ensino Superior (IES) têm sido palco de disputa na luta de classes, sofrendo um redirecionamento de seu papel no atual sistema econômico nacional e internacional, além das mediações necessárias entre ciência e tecnologia (FERNANDES, 2020; LEHER, 2019). A classe dominante brasileira aceitou desempenhar um papel submisso aos países centrais do sistema capitalista. Nesse novo relacionamento entre capital nacional e estrangeiro, as universidades perderiam ainda mais sua função de pensamento crítico e de construção de conhecimento, aprofundando sua função utilitarista no desenvolvimento de produtos e tecnologias de baixo nível de industrialização, vinculada ao modelo de universidade como prestadora de serviços à "sociedade" (ou seja, empresas de médio e grande porte) e de manutenção do status quo da classe média. Dessa nova configuração universitária, resulta a 'possibilidade' de destinar uma quantidade menor de verbas, forçando a realização de parcerias público-privadas entre as universidades e as empresas. Para tanto, tem se promovido a precarização material (corte orçamentário) e simbólica (deslegitimação de sua imagem e necessidade) das IES (LEHER, 2019).

Para superar esses problemas, é necessário implementar aspectos do modelo de *universidade integrada e multifuncional*[1], em contraposição às antigas escolas de ensino superior (FERNANDES, 2020). Dessa forma, a universidade deixaria de ser uma instituição que privilegia o desenvolvimento de conhecimentos desinteressados e a formação de profissionais liberais, passando a se tornar uma instituição social que participa de um projeto de sociedade e desenvolvimento civilizatório, contribuindo para o desenvolvimento da sociedade brasileira como um todo.

A universidade integrada e multifuncional: avanços e retrocessos

É importante ressaltar que as considerações de Florestan Fernandes sobre a universidade brasileira foram tecidas em meio à Ditadura Militar e sua respectiva Reforma Universitária de 1968. No início dos anos 1960, havia um consenso entre diferentes setores da universidade de que o sistema vigente necessitava de mudanças (FERNANDES, 2020; MOTTA, 2014). Nos anos 1950, o Brasil passou por um extenso crescimento industrial, demográfico e urbanístico, o que levou diversas instituições a se perceberem como ultrapassadas. As universidades também foram questionadas, já que até então se concentravam na formação de profissionais liberais, especialmente nas áreas tradicionais do direito, medicina e engenharia (FERNANDES, 2020; MOTTA, 2014).

Os diferentes setores da universidade podem ser divididos entre liberais (identificados como de 'direita') e

---

1   As escolas de ensino superior se constituem como uma "escola de elites culturais ralas e que apenas podiam (ou sentiam necessidade social de) explorar o ensino superior em direções muito limitadas. Como a massa de conhecimentos procedia do exterior e a sociedade só valorizava a formação de profissionais liberais, a escola superior tornou-se uma escola de elites, de ensino magistral e unifuncional: cabia-lhe ser uma escola de transmissão dogmática de conhecimentos nas áreas do saber técnico-profissional, valorizadas econômica, social e culturalmente pelos estratos dominantes de uma sociedade de castas estamental." (Fernandes, 2020, p. 97)

progressistas (de 'esquerda') no espectro político (MOTTA, 2014). Ambos os grupos concordavam com a necessidade de duas reformas: i) a extinção do sistema de cátedras; e ii) o fomento da atividade de pesquisa. No entanto, enquanto os setores liberais defendiam a "modernização" das universidades para torná-las mais eficientes e produtivas, tanto na produção de pesquisas quanto na formação de profissionais para o desenvolvimento econômico (inserção no mercado privado), os setores progressistas reivindicavam uma universidade crítica e popular, com destacada participação política dos estudantes (MOTTA, 2014).

Dentro da perspectiva da esquerda, Florestan Fernandes formulou os elementos do modelo da *universidade integrada e multifuncional*, que simultaneamente incorporava as reivindicações progressistas e reposicionava a universidade no contexto do desenvolvimento nacional: de uma instituição voltada para a conservação e transmissão de conhecimentos (principalmente europeus e estadunidenses) para uma instituição que participa de forma integrada e ativa na compreensão do Brasil e no planejamento de seu desenvolvimento social, econômico e científico.

Fernandes (2020) identificou que, desde a década de 1960, ganha destaque a ideia de que a universidade constitui um complexo sistema institucional, dotado de uma organização dupla: um polo voltado para suas próprias unidades internas e outro voltado para as comunidades locais e o restante da sociedade. Essa percepção advém das quatro principais funções atribuídas à universidade e requeridas pelos progressistas. A primeira função refere-se ao ensino, que precisa ser desdobrado e diversificado, de modo a incluir o ensino pós-graduado como uma tarefa central da universidade em uma sociedade que precisa racionalizar socialmente a seleção e o aproveitamento intensivo de seus quadros. A pesquisa é concebida como uma função de importância equivalente à do ensino, sendo ainda mais decisiva para a aceleração e autonomização do desenvolvimento educacional e cultural do país, devido às consequências diretas ou indiretas da expansão interna da ciência e da tecnologia avançada. A terceira função refere-se à criação intelectual, que precisa ser coordenada, intensificada e dirigida pela universidade para atender à produção original ou ao incentivo a determinados tipos de saber que a sociedade requer. A quarta função, a produção de pensamento crítico, deve ser incentivada tanto na modalidade de autoconsciência dos problemas da sociedade nacional e seus dilemas na civilização vigente quanto na reflexão crítica sobre o destino do homem nessa civilização.

Entretanto, como os militares estavam alinhados com os valores liberais, suas ações favoreceram essa vertente, priorizando o desenvolvimento dos modelos universitários ocidentais, especialmente os estadunidenses (MOTTA, 2014). Nesses modelos, a pesquisa constitui uma das funções fundamentais da universidade. No entanto, ela é frequentemente desenvolvida de forma abstrata ou desinteressada em relação aos anseios e problemas da sociedade, ou serve aos interesses dos setores privados, o que se torna um obstáculo para suas demais funções.

Com o processo de redemocratização e a promulgação da Constituição Federal de 1988, o projeto de uma *universidade multifuncional e integrada* foi fortalecido por um curto período, resultando em várias conquistas significativas, como a garantia da autonomia universitária, a liberdade de cátedra e o princípio da indissociabilidade entre ensino, pesquisa e extensão. No entanto, a classe trabalhadora logo enfrentou diversas contraofensivas, perdendo progressivamente os direitos conquistados (LEHER, 2019; LUSA et al., 2019). Por exemplo, a autonomia universitária foi ameaçada pelos Projetos de Emenda Constitucional nº 56/1991 e nº 233/1995. A indissociabilidade entre ensino, pesquisa e extensão foi desmantelada pelo Decreto nº 2.207/1997, que implementou a diversificação das IES, exigindo a indissociabilidade apenas para as universidades. Já a liberdade de cátedra vem sendo ameaçada por ações semelhantes ao Programa Escola sem Partido.

A partir dessas observações, questiona-se quais caminhos podem ser pensados para superar os problemas enfrentados pelas universidades. Como foi apresentado, esses problemas se relacionam com as questões mais amplas da sociedade e da forma de produção e socialização vigente: o sistema capitalista em um país em desenvolvimento. Portanto, que relações podemos estabelecer entre o trabalho desenvolvido nas universidades e os problemas enfrentados pela sociedade brasileira? No próximo tópico, serão tecidas algumas reflexões que podem auxiliar na superação desses problemas. É importante ressaltar que as reflexões apresentadas advêm tanto dos estudos apresentados neste manuscrito como das vivências em movimentos sociais, sindicais, estudantis e partidários; por consequência, parte delas não se encontram publicadas em textos, artigos ou teses.

A universidade integrada e multifuncional: elementos para superar os problemas econômicos, sociais e culturais brasileiros

Com a consolidação do neoliberalismo, estamos testemunhando a perda de direitos socialmente construídos em diversas esferas do serviço público. Além disso, enfrentamos uma fuga de cérebros[2] (FARGONI, 2023) e o desvio de atribuições de diversos profissionais para atividades para as quais não se investiu recurso público ou tempo de vida e formação[3] (CGEE, 2021). Esta força de trabalho altamente especializada poderia ser direcionada

---

2   A fuga de cérebros refere-se à emigração de indivíduos altamente qualificados em busca de melhores oportunidades de emprego em outros países. Esse fenômeno pode comprometer uma geração inteira, desvalorizando o trabalho desses profissionais e reduzindo a capacidade de desenvolvimento científico e tecnológico da nação (FARGONI, 2023).

3   Em um estudo realizado pelo Centro de Gestão e Estudos Estratégicos (CGEE), órgão vinculado ao Ministério da Ciência, Tecnologia e Inovações (MCTI), foi identificado que, entre 2014 e 2017, o número total de doutores passou de 168.677 para 229.732, representando um crescimento de 36,1%. Entretanto, o número de doutores sem emprego formal em sua área de especialização aumentou de 41.406 para 63.603 no mesmo período, um crescimento de 53,6%. Além disso, identificou-se que, sem perspectivas de emprego em suas áreas, pesquisadores doutores aceitam funções abaixo de sua qualificação (CGEE, 2021).

a projetos que visem solucionar os problemas enfrentados pela sociedade.

Por exemplo, na área da educação, poderiam ser desenvolvidos projetos de alfabetização da população brasileira, que ainda não erradicou o analfabetismo. Na área da saúde, projetos já existentes de acolhimento, apoio e assistência desenvolvidos pelo Sistema Único de Saúde (SUS) poderiam ser ampliados, buscando identificar e solucionar problemas vigentes. Na área das engenharias, seria necessário reformular os espaços urbano e rural, visando solucionar problemas como moradia, transporte e lazer enfrentados pela maioria dos trabalhadores.

Embora o problema da unifuncionalidade da universidade tenha sido parcialmente superado, pelo menos no nível de ensino e pesquisa nas IES públicas, é perceptível que a função de pesquisa ainda não atende plenamente às necessidades da sociedade em termos de emancipação política e desenvolvimento econômico e cultural. O Brasil é um dos países que mais produzem artigos científicos no mundo[4] (BRASIL JÚNIOR; CARVALHO, 2021), mas até que ponto essas produções têm contribuído para a compreensão e superação dos problemas da nossa população?

É importante ressaltar que essa reflexão não tem o objetivo de culpar os professores e pós-graduandos ou de criticar a pesquisa básica. A cultura institucional universitária, constrangida tanto orçamentaria quanto ideologicamente pelos órgãos de financiamento, avaliação

---

4 Brasil Júnior e Carvalho (2021) identificaram que, no período de 2015 a 2020, foram indexados na Web of Science (WoS) mais de 11 milhões de artigos, dos quais cerca de 372 mil contavam com a participação de, pelo menos, um autor vinculado a instituições brasileiras. Nesse mesmo período, a produção científica brasileira manteve a 13ª posição na produção global de artigos científicos indexados na base WoS.

e regulação[5], tem influenciado a atuação dos pesquisadores.

A forma de distribuição do orçamento e a duração dos cursos de pós-graduação têm levado professores e pós-graduandos a privilegiarem a produção e publicação de Dissertações, Teses e, eventualmente, dos artigos delas derivados. Nesse contexto, é possível afirmar que nos especializamos em produzir pesquisas com potencial de publicação, pois é isso que se espera de nós e é assim que somos avaliados desde a pós-graduação até o exercício da docência (PACHANE; PEREIRA, 2004). No entanto, é comum que essas produções não resultem em ações coletivas ou políticas públicas, tampouco em reflexões ou mudanças reais sobre nossa situação, mesmo no nível da compreensão da realidade.

Embora a distância entre pesquisa e luta social não seja exclusiva das IES atuais, a reconfiguração da pós-graduação tem intensificado esse distanciamento. Na década de 1960, o "problema mais grave e geral" (FERNANDES, 2020, p. 368) da universidade referia-se ao treinamento em pesquisa, sendo necessário desenvolver condições mínimas para a iniciação à pesquisa científica, tanto no que tange ao treinamento no uso de técnicas fundamentais de investigação quanto na construção de uma mentalidade científica acurada. Para solucionar esse problema, seria necessária uma mudança profunda na pós-graduação, visando a formação de quadros especializados "para a pesquisa científica e tecnológica de alto nível e de interesse definido para a coletividade" (FERNANDES, 2020, p. 370). Para tanto, o pós-graduando deveria ser visto como um aprendiz de cientista, requerendo formação em

---

5   Por exemplo, Oliveira (2015) argumenta que "[...] a Capes e o CNPq [...] podem ser consideradas instâncias reguladoras e modeladoras do desempenho e do comportamento da Pós-Graduação, já que induzem políticas, formas e mecanismos de avaliação e de gestão, quase sempre associadas aos mecanismos de fomento. A Capes, responsável pela avaliação e pelo fomento dos cursos ou programas de Pós-Graduação, consegue promover certo enquadramento institucional que concorre para o estabelecimento de um tipo de comportamento ou desempenho institucional. O modo de ser e de agir das diferentes áreas de conhecimento vai sendo moldado pela força e pelas estratégias adotadas, o que resulta em alterações no processo de formação, da produção intelectual, de definição dos tempos e das práticas e rotinas de gestão, de avaliação, dentre outros" (p. 351).

tempo integral, recursos especiais para o seu aprendizado e desenvolvimento da pesquisa, bem como a supervisão e o acolhimento de pesquisadores experientes.

A partir do exposto, é possível perceber os meandros do Ensino Superior brasileiro. Os conflitos de classe resultaram em avanços e retrocessos que refletem no atual quadro das IES. Para continuarmos avançando e conquistando melhores condições de trabalho e formas de (re)inserir a universidade na sociedade, é necessário criar movimentos que pressionem órgãos universitários e governamentais a implementarem políticas que permitam a reestruturação da universidade. Grupos de pesquisa, coletivos, sindicatos e associações que buscam compreender os problemas do Ensino Superior e lutam por sua superação são indispensáveis nessa luta.

Em primeiro lugar, é preciso disputar o senso comum sobre a universidade para que se possa construir força suficiente para realizar um movimento que resulte em sua mudança.

Caminhos para a superação da unifuncionalidade da universidade

A partir do exposto, é possível fazer alguns apontamentos sobre a superação do problema da unifuncionalidade da universidade. Uma das estratégias que podem ser utilizadas envolve a integração das IES ao plano estratégico das secretarias e ministérios governamentais, sendo imprescindível que:

1. os grupos de pesquisa e os Programas de Pós-graduação (PPGs) devem estar intrinsecamente relacionados às secretarias e ministérios, auxiliando na identificação de problemas e na proposição de soluções, além de implementarem políticas públicas nas esferas municipal, estadual e federal.

2. os PPGs devem ser transformados em

programas de formação para programas de formação-trabalho, de modo que os pós-graduandos, ao invés de serem vistos como estudantes, sejam compreendidos como funcionários públicos em formação. Essa estrutura garantiria cargos que corresponderiam à alta especialização desses quadros em formação. Ao invés de bolsas, haveria vínculos empregatícios para os pós-graduandos, que se dedicariam exclusivamente aos estudos e ao trabalho de pesquisa na universidade.

É evidente que essa reorganização da posição da universidade exigirá novas tarefas para a pós-graduação, visto que os PPGs atuariam como elo entre os diferentes órgãos governamentais e a universidade, sendo responsáveis pelo desenvolvimento da pesquisa e formação científica. Embora a forma de sua implementação ainda não esteja clara, é possível supor que, ao superar esse problema, a reorganização teria a potencialidade de contribuir para a superação:

a. do isolamento da universidade, tornando-a participante ativa das transformações culturais, sociais, econômicas, científicas e tecnológicas dos diferentes setores da sociedade.

b. da primazia da pesquisa (abstrata ou desinteressada) em detrimento do ensino e da extensão, pois ensino, pesquisa e extensão estariam mais intrinsecamente relacionados.

c. da dificuldade de empregar quadros técnicos altamente qualificados, uma vez que a transformação nos diferentes aspectos da sociedade demandaria esses profissionais.

d. da falta de integração entre o empreendimento científico e os setores culturais, técnicos e científicos, pois a função de gerar pensamento crítico amalgamaria esses setores.

e. da ênfase na formação de profissionais liberais (ou mais recentemente, empreendedores), pois a criação intelectual se tornaria parte integrante da universidade, deixando de ser responsabilidade de indivíduos isolados.

Considerações Finais

Mudar a cultura universitária e sua posição em relação à sociedade não é uma tarefa fácil, mas é necessária se quisermos transformar as formas de produção e socialização da sociedade brasileira. A obra de Florestan Fernandes nos auxilia a refletir sobre a relação entre a universidade e a pesquisa científica, bem como sobre a relação da universidade com os diferentes setores da sociedade, aspecto fundamental para sua eventual reestruturação.

É preciso reconstruir a universidade internamente, buscando adaptar sua estrutura, funcionamento e crescimento ao papel histórico que ela deve desempenhar como fonte de negação e superação da dependência cultural e do subdesenvolvimento educacional. Mas como? Ainda não sabemos, mas décadas de pesquisa e luta social indicam que a formação dos estudantes deve ser guiada pela práxis e abranger as diversas dimensões do sujeito histórico, social, político e técnico, não se restringindo apenas ao exercício profissional de determinado segmento.

Embora não seja possível delinear o processo passo a passo, a reconstrução da universidade só será possível se ela integrar os trabalhadores, organizados em movimentos sociais, partidos e sindicatos, a partir de pressões internas e externas a essas instituições, pois são esses sujeitos que refletem e lutam para que as IES atendam aos anseios da sociedade.

Referências

BORSOI, I. C. F.; PEREIRA, F. S. Professores do ensino público superior produtividade, produtivismo e adoecimento. **Universitas Psychologica**, v. 12 n. 4, p. 1213-1223, 2013.

BRASIL JÚNIOR, A.; CARVALHO, L. Produção científica brasileira no cenário global nos últimos seis anos. In: CGEE. **Panorama da ciência brasileira**: 2015-2020. Boletim Anual OCTI, Brasília, v. 1, jun. 2021.

CASTANHO, S. Da universidade modelo aos modelos de universidade. **Quaestio: Revista de Estudos em Educação**, v. 4, n. 1, p. 27-46, 2002.

CGEE. **Brasil: formação de nível superior e emprego formal**. Brasília: CGEE, 2021. Disponível em: https://fnse.cgee.org.br/estudo. Acesso em: 08 mar. 2024.

DUBAR, C. **A socialização**: construção das identidades sociais e profissionais. São Paulo: Martins Fontes, 2005.

EVANS, T. M., BIRA, L.; GASTELUM, J. B.; WEISS, L. T.; VANDERFORD, N. L. "Evidence for a Mental Health Crisis in Graduate Education". **Nature Biotechnology** v. 36, n. 3, p. 282–284, 2018.

FARGONI, E. H. E. Ciência, trabalho e a fuga de cérebros do Brasil. **Trabalho & Educação**, Belo Horizonte, v. 32, n. 2, p. 101–115, 2023.

FERNANDES, F. **Universidade Brasileira**: reforma ou revolução? São Paulo: Expressão Popular, 2020.

JONES, M. Issues in doctoral studies-forty years of journal discussion: Where have we been and where are we going? **International Journal of Doctoral Studies**, v. 8, n. 6, p. 83-104, 2013.

LEHER, R. **Autoritarismo contra a universidade**: o desafio de popularizar a abrir loja defesa da Educação pública.

São Paulo: Fundação Rosa Luxemburgo, Expressão Popular, 2019.

LUSA, M. G.; MARTINELLI, T.; MORAES, S. A.; ALMEIDA, T. P. A Universidade pública em tempos de ajustes neoliberais e desmonte de direitos. **Revista Katálysis**, v. 22, n. 3, p. 2019.

MAIA, H. **Neoliberalismo e sofrimento psíquico**: o mal-estar nas universidades. Recife: Ruptura, 2022.

MOTTA, R. P. S. **As universidades e o regime militar**: cultura política brasileira e modernização autoritária. Rio de Janeiro: Zahar, 2014.

OLIVEIRA, J. F. D. A Pós-Graduação e a pesquisa no Brasil: processos de regulação e de reconfiguração da formação e da produção do trabalho acadêmico. **Práxis Educativa**, v. 10, n. 2, p. 343-363, 2015.

PACHANE, G. G.; PEREIRA, E. M. A. A importância da formação didático-pedagógica e a construção de um novo perfil para os docentes universitários. **Revista Iberoamericana de Educación**, v. 3, n. 1, 2004.

RECEPUTI, C. C.; VOGEL, M.; REZENDE, D. B. Research Advisor-Advisee Relationships on Graduate Programs: A Bibliographic Survey. **Official Journal of the International Organization for Science and Technology Education**, n. 1, n. 2, p. 263-271, 2021.

TAYLOR, S. E. Changes in doctoral education: implications for supervisors in developing early career researchers. **International Journal for Researcher Development**, v. 3, n. 2, p. 118-138, 2012.

WOLFF, R. P. **O ideal da universidade**. São Paulo: Editora da Universidade Estadual Paulista, 1993.

4

CARTA ABERTA À CAPES
Reflexões necessárias para uma política de cuidado na pós-graduação brasileira

**Cláucia Piccoli Faganello
Rosiane Alves Palacios**

Introdução

Entre os anos de 1996 e 2021, o Brasil contava com 1.001.861 mestres e 319.211 doutores (CGEE, 2024). Este é um número considerável tendo em vista que a pós-graduação *stricto sensu* no país iniciou tardiamente (há aproximadamente 65 anos) e seus esforços datam, principalmente, da criação da Coordenação de Aperfeiçoamento de Pessoal de Nível Superior (CAPES) em 1953 e com o posterior início da concessão de bolsas para formação (DINIZ, 2023).

Houve uma preocupação em ampliar a oferta de cursos e vagas em diversas áreas do conhecimento para que fosse possível desenvolver pesquisa e tecnologia no país. Atualmente, em nível de pós-graduação, as instituições públicas de ensino são responsáveis pela grande maioria das pesquisas científicas brasileiras (DINIZ, 2023). Um estudo do Centro de Gestão e Estudos Estratégicos (CGEE) aponta que a expansão da pós-graduação reflete na ampliação da oferta de cursos para além da região Sul e Sudeste (maioria em décadas passadas) e na proporção de 10 doutores formados para cada 100 mil habitantes brasileiros (CGEE, 2024). Para a atual presidente da CAPES, "a redução das desigualdades regionais na pós-graduação é reflexo da política pública do governo federal, implantada a partir de 2008, com a expansão e interiorização da educação superior" (BRASIL, 2024b, p. 1).

Porém, mesmo com esses avanços, é fundamental reconhecer a urgência de algumas melhorias significativas nos Programas de Pós-graduação (PPGs). Mais do que simplesmente expandir a oferta, ainda há muito para se avançar. E, para além da oferta, é necessário olhar para as condições dos PPGs. Inúmeras são as questões a se problematizar: o crescimento foi desigual entre áreas, grande parte dos mestres e doutores se concentra no setor público e a pandemia de covid 19 impactou o interesse nos PPGs (CGEE, 2024).

Nota-se um crescimento dos trabalhos nos últimos anos sobre assédio, ética, saúde mental, o que aponta a necessidade de um olhar diferenciado para a pós-graduação (VALENTIM, 2022; PEIXOTO, SOARES; BEZERRA,

2022). Muitos dos mestres e doutores que se formam no país mudam-se para o exterior em busca de melhores oportunidades de emprego – fenômeno conhecido como fuga de cérebros. Nos primeiros meses de 2022, os pedidos de visto de brasileiros altamente qualificados para Portugal aumentaram 200% em relação ao mesmo período no ano anterior (PACHECO, 2023). Em decorrência dos cortes de bolsas, redução de investimentos em educação, e crise econômica, muitos pesquisadores deixaram o país à procura de melhores oportunidades em universidades e instituições de pesquisa estrangeiras.

Outro ponto crítico é o abandono e a evasão dos cursos de pós-graduação devido a dificuldades financeiras ou adoecimento emocional (PALAZZUOLI, 2022; GIUSTI; CRISPI, 2024). Muitos pós-graduandos não recebem bolsas em decorrência dos inúmeros cortes de orçamento para a pesquisa e pós-graduação. Além disso, há a transferência de custos de produção acadêmica para os próprios estudantes e a precarização das relações de orientação.

Ainda, no sistema atual, mestrandos e doutorandos que recebem bolsas não contam com direitos trabalhistas previstos na Consolidação das Leis do Trabalho (CLT), tais como descanso semanal remunerado, férias, décimo terceiro, etc. Diante do somatório desses fatores e considerando a pesquisa como atividade altamente demandante, os pesquisadores em formação acabam por vivenciar uma precarização do trabalho. Hirata (2009) coloca que, somados à falta de proteção social e de direitos empregatícios, os baixos valores de remuneração e o grande número de horas trabalhadas entram na equação da ausência de proteção social e dos direitos vinculados ao emprego.

Outro elemento que se soma às preocupações de pós-graduandos da contemporaneidade é a saúde mental. Transtornos mentais ainda são um tabu social e no contexto universitário não é diferente, embora em tese a universidade devesse ser um espaço de acolhimento e escuta (GARCIA DA COSTA; NEBE, 2018). Estudos apontam que os doutorandos brasileiros são mais suscetíveis a enfermidades psicológicas, especialmente depressão e ansiedade (KUENKA, 2021).

Considerando os prazos regulares, o tempo dedicado à pós-graduação é de 6 anos, distribuídos entre 2 anos de mestrado e 4 anos de doutorado. Mesmo o mestrado não sendo um pré-requisito para ingressar no doutorado, este costuma ser o passo anterior. No cenário atual, dois anos de dedicação sem direitos e com pouco retorno, fazem com que alguns mestres, que poderiam optar por cursar o doutorado, desistam ou adiem essa escolha. Sendo assim, questiona-se como estimular o ingresso em cursos de doutorado no Brasil com a possibilidade de que as experiências anteriores no mestrado não tenham sido tão positivas? Considerando que as oportunidades para mestres são escassas, para doutores elas podem ser ainda mais limitadas. Portanto, é necessário um giro estrutural e paradigmático. Uma das possibilidades interessantes a longo prazo, e que posteriormente fortaleceria a pesquisa no país, seria pensar em mudanças nas dinâmicas nos PPGs, somadas à garantia de direitos e programas de ingresso no mercado de trabalho.

No Brasil, vivenciamos um momento de abertura ao debate para a política de cuidado (BRASIL, 2024a). A forma como as universidades funcionam hoje é socialmente insustentável a longo prazo e incorporar a ética do cuidado seria de grande importância para pensar novas possibilidades para a educação superior (CORBERA et al., 2020). O governo federal instaurou um grupo de trabalho para debater a política de cuidado no serviço público (ENAP, 2024), diversas empresas estão construindo suas políticas de cuidado e, a partir disso, perguntamos: na pós-graduação também precisamos de uma política de cuidado?

Este trabalho se caracteriza como uma proposta e/ou provocação de intervenção, que se concretiza neste capítulo através da redação de uma Carta de Recomendações para a CAPES, enfatizando a necessidade de incorporar algumas reflexões sobre o cuidado na pós-graduação no cenário atual no Brasil. Não se trata de apresentar soluções definitivas, mas de provocar uma reflexão no órgão competente sobre a viabilidade de implementar uma política nacional de cuidado na pós-graduação, com potencial para impactar positivamente a forma como se faz ciência no Brasil.

Todo o cenário exposto acima indica que, sim, precisamos de uma política de cuidado na pós-graduação. Talvez, devido à estrutura precarizada da pós-graduação no Brasil, essa política de cuidado precise ser também uma política de direitos, como previdência, férias, e limitação de jornada de trabalho. Isso apenas reforça a urgência de abrir esse debate em nosso contexto.

Marco conceitual: Política Nacional de Cuidados e sua Aplicabilidade na Pós-Graduação

A formulação de uma Política Nacional de Cuidados no Brasil, consolidada em dezembro de 2023, surge como uma iniciativa fundamental para reorganizar e compartilhar a responsabilidade social pelo cuidado, considerando tanto os indivíduos que necessitam de cuidados quanto aqueles que os provêm. Esta política pública visa garantir o direito humano ao cuidado, abrangendo o direito de cuidar, ser cuidado e ao autocuidado, e promovendo a corresponsabilização de gênero e social (BRASIL, 2023).

A implementação dessa política deve ser vista como um reflexo das transformações sociais e econômicas pelas quais o Brasil vem passando nas últimas décadas. O aumento da expectativa de vida, as mudanças na estrutura familiar e a maior participação das mulheres no mercado de trabalho são alguns dos fatores que intensificaram a demanda por políticas públicas de cuidado. Movimentos como o *Parent in Science*, criado para levantar a discussão sobre a parentalidade na ciência no Brasil, é um exemplo da importância dessa pauta (MOVIMENTO PARENT IN SCIENCE, 2024).

O conceito de cuidado, dentro deste marco, é definido como o trabalho cotidiano necessário à sustentação e reprodução da vida humana, da força de trabalho, das sociedades e da economia, e à garantia do bem-estar de todas as pessoas (TRONTO, 1993; HIRATA, 2009). Este entendimento do cuidado como uma necessidade essencial, tanto para a vida individual quanto coletiva, reflete-se na proposta de se considerar uma política de cuidado voltada especificamente para a pós-graduação.

No contexto internacional, diversos países já reconheceram a importância de incorporar políticas de cuidado em suas estruturas educacionais. Em países como a Suécia e o Canadá, por exemplo, há um forte enfoque em assegurar condições de bem-estar para os estudantes de pós-graduação, através de políticas que incluem licença parental remunerada, acesso a serviços de saúde mental e suporte financeiro adequado. No Brasil, a precariedade que caracteriza a pós-graduação é um fator que torna urgente a implementação de uma política de cuidado específica para este nível de ensino.

A falta de direitos trabalhistas básicos, como férias, décimo terceiro salário e proteção previdenciária, combinada com a exigência de dedicação exclusiva e as baixas remunerações, expõe os pós-graduandos a uma situação de vulnerabilidade (HIRATA, 2009). Tal cenário é agravado pela sobrecarga de trabalho, que não raro ultrapassa as horas convencionais, e pela ausência de políticas de suporte para situações específicas, como a maternidade, o que afeta desproporcionalmente as mulheres na academia.

A literatura sobre o tema também destaca a interseccionalidade como um aspecto crucial no desenvolvimento de políticas de cuidado. Migrantes, mulheres, especialmente as negras, e membros da comunidade LGBTQIA+ enfrentam desafios adicionais, que incluem desde a discriminação até a falta de apoio institucional, tornando ainda mais evidente a necessidade de políticas que levem em conta essas especificidades. Convém destacar que desde 2017 as mulheres se configuram como a maioria dos alunos dos PPGs brasileiros, mesmo que concentradas em áreas como ciências da saúde e humanidades e ainda minoria em áreas como engenharias e ciências exatas e da terra (CGEE, 2024).

De acordo com Tronto (1993), a ética do cuidado implica um compromisso com a justiça social, que se materializa na garantia de condições equitativas para todos os envolvidos. Isso se traduz na necessidade de políticas públicas que assegurem direitos aos pós-graduandos e criem um ambiente acadêmico que valorize a saúde mental, o bem-estar e a equidade de gênero. Essas medidas dependem da eliminação de práticas sistêmicas de desvalorização dos pós-graduandos e do reconhecimento desse trabalho como base para o desenvolvimento social.

A relação entre trabalho acadêmico e saúde mental também tem sido objeto de crescente atenção. Estudos recentes indicam que os níveis de ansiedade, depressão e esgotamento entre estudantes de pós-graduação são significativamente mais altos do que na população geral (EVANS et al., 2018). A discussão sobre a precarização da pós-graduação no Brasil é amplamente debatida na literatura. Hirata (2009) destaca que a precariedade do trabalho não se resume à ausência de direitos formais, mas também engloba aspectos como a baixa remuneração e a intensificação da jornada de trabalho, aspectos que afetam diretamente os pós-graduandos. Além disso, a falta de reconhecimento do cuidado como uma dimensão central da vida acadêmica contribui para a perpetuação de desigualdades e para a manutenção de uma cultura acadêmica que privilegia a produtividade em detrimento do bem-estar.

Nesse sentido, a adoção de uma política de cuidado na pós-graduação poderia contribuir para a mitigação dos efeitos negativos da sobrecarga acadêmica, criando um ambiente mais saudável e produtivo. A implementação de uma política de cuidado na pós-graduação, portanto, se apresenta como uma resposta necessária a essa situação de precariedade. Ao propor esta carta provocação à CAPES, este capítulo busca iniciar um diálogo sobre a urgência de integrar práticas de cuidado no cotidiano acadêmico que sejam voltadas para a pós-graduação. A inclusão de múltiplas perspectivas nesse debate, como as de migrantes, mulheres, negros, mães e membros da comunidade LGBTQIA+, é essencial para a formulação de políticas que sejam verdadeiramente inclusivas e eficazes.

A reflexão sobre a relação entre políticas de cuidado e a produção científica no Brasil também merece destaque. Uma pós-graduação que integre cuidados adequados pode contribuir para a formação de pesquisadores mais equilibrados e motivados, o que, a longo prazo, pode elevar a qualidade da ciência produzida no país. A Política Nacional de Cuidados, ao ser aplicada ao contexto da pós-graduação, não apenas visa melhorar as condições de vida dos estudantes, mas também contribuir para a construção de uma ciência mais justa e equitativa no Brasil. Este marco conceitual serve como base para a elaboração de propostas concretas que serão discutidas na Carta de Recomendações a ser apresentada à CAPES, enfatizando a importância de incorporar o cuidado como um princípio central na gestão da pós-graduação.

Nossa proposta

Carta Aberta
à Fundação Coordenação de Aperfeiçoamento de Pessoal de Nível Superior (CAPES)

Proposta para a Implementação de uma Política de Cuidado na Pós-Graduação

Prezada Presidenta da CAPES

Dra. Denise Pires de Carvalho

A CAPES é uma fundação do Estado brasileiro com papel crucial no desenvolvimento da Pós-Graduação no país, assegurando sua qualidade e o financiamento de programas. A excelência do modelo brasileiro de formação de recursos humanos de alto nível, reconhecido internacionalmente, tem gerado impactos significativos na inserção de professores e estudantes brasileiros nas ciências, tanto em âmbito nacional, quanto em internacional. Entretanto, em meio aos desafios contemporâneos que enfrentamos e considerando que a discussão sobre o cuidado tem sido cada vez elaborada em distintos ambientes, especialmente os governamentais, é necessária uma política de cuidado na pós-graduação. Acreditamos que sim, e por isso apresentamos esta carta com pontos essenciais para a elaboração e posterior implementação de tal política, destacando sua importância para o futuro da educação e da ciência no Brasil.

Inspirados por figuras históricas como Anísio Teixeira, primeiro presidente da CAPES, reafirmamos a necessidade de uma educação que, além de formar cientistas, garanta o bem-estar e a dignidade dos pós-graduandos. Anísio Teixeira, defensor fervoroso da escola pública, enfatizava que a educação de qualidade é a "grande máquina de se construir democracias". No contexto atual, essa qualidade também deve englobar o cuidado com os indivíduos que se dedicam à produção de conhecimento e passam anos se qualificando, através de mestrados e doutorados, para se tornarem pesquisadores.

A CAPES deve seguir fomentando a pós-graduação como um fator motriz para a ciência brasileira, no entanto, é essencial que as políticas de pós-graduação também incluam uma dimensão de cuidado. A falta dessa dimensão de cuidado perpetua um sistema que favorece abusos de poder e mantém uma elite estudando, pois, muitos pós-graduandos só conseguem continuar seus estudos graças ao financiamento de terceiros, como familiares, companheiros ou até mesmo empréstimos. Essa precariedade é especialmente visível em universidades particulares, onde muitos estudantes dependem de financiamento estudantil, bolsas governamentais, de agências de pesquisa ou mesmo das instituições. Nesse sentido, propomos uma série de ações que consideramos urgentes e fundamentais para a construção de um ambiente acadêmico mais justo e saudável.

É imprescindível que o sistema de pós-graduação continue a ser um modelo de excelência, mas agora com a inclusão de políticas de cuidado que abordem as necessidades específicas dos estudantes. Isso inclui considerar as desigualdades regionais e as diferentes realidades sociais, garantindo que todos os pós-graduandos, independentemente de suas circunstâncias, tenham acesso a um ambiente de estudo digno e acolhedor.

Trazemos nossas preocupações com a ausência de direitos trabalhistas para os pós-graduandos, como descanso semanal remunerado, férias e proteção previdenciária. Além disso, a exigência de dedicação exclusiva sem a garantia das condições necessárias para tal, especialmente para pós-graduandos que estão em idade economicamente ativa é um agravante. Para as mulheres, isso é ainda mais desproporcional, pois muitas são mães ou cuidadoras de filhos pequenos, elevando a sobrecarga desproporcionalmente. Essa falta de proteção resulta em uma situação de precariedade que não só prejudica os estudantes, mas também compromete a qualidade da ciência produzida no país. Propomos que a CAPES assuma a liderança na criação de uma política nacional de cuidado para a pós-graduação, garantindo condições adequadas para todos os estudantes.

Para tal, sugerimos a formação de um grupo de trabalho composto por representantes de diversos segmentos, incluindo migrantes, mulheres, negros, mães, e membros da comunidade LGBTQIA+, para discutir e elaborar propostas concretas para a implementação da referida política de cuidado na pós-graduação. Este grupo deve ter autonomia para explorar e propor soluções que contemplem as necessidades de todos os estudantes, garantindo um ambiente acadêmico mais inclusivo e equitativo. É fundamental que essas políticas garantam direitos que sejam horizontais em todos os Programas de Pós-Graduação (PPGs), evitando que esses direitos sejam deixados ao poder discricionário dos programas, criando desigualdades e injustiças.

Ao mesmo tempo, as políticas de cuidado devem ser flexíveis e adaptáveis às diferentes realidades das instituições de ensino brasileiras. Considerando as diversidades regionais e as especificidades dos programas de pós-graduação, propomos que a CAPES desenvolva diretrizes que permitam a cada instituição adaptar as políticas de cuidado de acordo com suas necessidades e recursos disponíveis. Além disso, é crucial que as cotas e ações afirmativas de permanência sejam implementadas de maneira que realmente garantam a continuidade dos estudos, reduzindo as taxas de abandono nos PPGs, sem que isso possa ser usado como diretriz de manobra para relações de assédio e propagação de troca de favores, práticas comuns hoje aos programas de pós-graduação.

Ainda, é essencial que as universidades, em parceria com a CAPES, ofereçam serviços de apoio psicológico para os estudantes de pós-graduação. Estudos recentes indicam que os níveis de ansiedade, depressão e esgotamento entre estudantes de pós-graduação são alarmantemente altos. A inclusão de políticas que priorizem a saúde mental dos estudantes não é apenas uma questão de justiça social, mas também de garantir a qualidade da produção acadêmica. Além disso, é necessário questionar o etarismo e o sexismo presentes em muitos PPGs, onde pessoas mais velhas e mulheres grávidas ou puérperas não são bem-vindas. Esses preconceitos reforçam a exclusão e devem ser ativamente combatidos por meio de políticas inclusivas.

Acreditamos que uma política de cuidado na pós-graduação deve ser inclusiva e considerar as necessidades específicas de grupos historicamente marginalizados. Migrantes, mulheres negras, mães solo e membros da comunidade LGBTQIA+ enfrentam desafios adicionais no ambiente acadêmico, e suas vozes devem ser centrais no desenvolvimento dessas políticas. A criação de uma pós-graduação onde a bolsa de estudos funcione como um emprego formal, como ocorre em outros países, poderia ser uma solução para muitas das dificuldades enfrentadas por esses grupos, proporcionando maior estabilidade e segurança.

A partir disso, recomendamos que a CAPES promova consultas públicas e workshops que envolvam não apenas os gestores da pós-graduação, mas também os próprios estudantes, assegurando que suas vozes sejam ouvidas e levadas em consideração no processo de formulação dessas políticas. Essas consultas devem ser realizadas de forma a garantir a participação ampliada, não sendo consultados apenas as representações formais existentes dos estudantes, visto que estas nem sempre são representativas. Esse diálogo é essencial para garantir que as políticas de cuidado sejam eficazes e realmente atendam às necessidades dos estudantes. É necessário que o desenvolvimento dessas políticas seja visto como uma política pública sólida e não apenas como resultado de boa vontade de algumas instituições.

Reforçamos a necessidade de que a CAPES mantenha sua independência e continue a atuar com transparência e competência. As decisões sobre a política de pós-graduação devem ser discutidas de forma ampla e participativa, com respeito às deliberações do Conselho Superior e dos Conselhos Técnico-Científicos. A inclusão de políticas de cuidado deve ser uma prioridade, refletindo o compromisso da CAPES com o bem-estar e a dignidade dos estudantes.

Ainda, propomos que a recomposição do orçamento da CAPES inclua recursos específicos para a implementação de políticas de cuidado na pós-graduação. Este investimento é essencial para garantir que os estudantes possam se dedicar integralmente aos seus estudos, sem serem prejudicados por condições de trabalho precárias ou pela falta de suporte adequado. A partir disso, a implementação de uma política de cuidado voltada para a pós-graduação trará benefícios significativos para a ciência brasileira. Um ambiente acadêmico mais justo e acolhedor promoverá a retenção de talentos, reduzirá as taxas de abandono e aumentará a produção científica de qualidade. Além disso, ao assegurar direitos básicos e criar condições mais equitativas de estudo, contribuímos para a construção de uma sociedade mais justa e inclusiva.

Diante dos desafios que o Brasil enfrenta para se consolidar como um país também reconhecido pela sua produção de conhecimento, a implementação de uma política de cuidado para a pós-graduação emerge como uma necessidade urgente. Reiteramos nosso compromisso com a construção de um sistema de ensino mais justo e equitativo e confiamos que a CAPES, como órgão central na gestão da pós-graduação no Brasil, dará continuidade a esse desafio.

Acreditamos que ao operacionalizar estas propostas, o Brasil poderá avançar significativamente na construção de uma pós-graduação mais justa, inclusiva e alinhada com os princípios de equidade e dos direitos humanos. A implementação de uma política de cuidado não é apenas uma questão de justiça social, mas também uma condição necessária para que a ciência brasileira continue a crescer, sendo um campo fértil e um motor para incentivar mais pós-graduandos a seguirem esse caminho.

Referências

BRASIL. **Decreto n. 11.460**, de 30 de março de 2023. Institui Grupo de Trabalho Interministerial com a finalidade de elaborar a proposta da Política Nacional de Cuidados e a proposta do Plano Nacional de Cuidados. Diário Oficial da União, Brasília, DF, 30 mar. 2023. Disponível em: https://www.in.gov.br/en/web/dou/-/decreto-n-11.460-de-30-de-marco-de-2023-474117782 Acesso em: 15 ago. 2024.

BRASIL. Ministério do Desenvolvimento e Assistência Social, Família e Combate à Fome. **Política Nacional de Cuidados é enviada ao Congresso nesta quarta-feira (03.07)**. 2024a. Disponível em: https://www.gov.br/mds/pt-br/noticias-e-conteudos/desenvolvimento-social/noticias-desenvolvimento-social/politica-nacional-de-cuidados-e-enviada-ao-congresso-nesta-quarta-feira#:~:text=A%20Pol%C3%ADtica%20Nacional%20de%20Cuidados%20tem%20como%20objetivo%20garantir%20o,que%20s%C3%A3o%20fundamentalmente%20as%20mulheres Acesso em: 14 out. 2024.

BRASIL. Ministério da Educação. **Brasil forma mais de 1 milhão de mestres e doutores em 25 anos**. 2024b. Disponível em: https://www.gov.br/mec/pt-br/assuntos/noticias/2024/junho/brasil-forma-mais-de-um-milhao-de-mestres-e-doutores-em-25-anos#:~:text=Com%20base%20nos%20dados%20do,per%C3%ADodo%20de%201996%20a%202021 Acesso em: 12 ago. 2024.

CAPES. **Brasil precisa aumentar número de doutores**.

2024. Disponível em: https://www.gov.br/capes/pt-br/assuntos/noticias/brasil-precisa-aumentar-numero-de-doutores Acesso em: 12 ago. 2024.

CGEE. **Brasil: Mestres e doutores 2024**. 2024. Disponível em: https://mestresdoutores2024.cgee.org.br/estudo Acesso em: 12 ago. 2024.

CORBERA, Esteve et al. Academia in the Time of COVID-19: Towards an Ethics of Care. **Planning Theory and Practice**, v. 21, n. 2, p. 191–199, 2020. Disponível em: https://doi.org/10.1080/14649357.2020.1757891 Acesso em: 13 ago. 2024.

DINIZ, Isis. **A pós-graduação no Brasil: evolução e desafios**. 2023. Disponível em: https://iqc.org.br/observatorio/artigos/educacao/a-pos-graduacao-no-brasil-evolucao-e-desafios/ Acesso em: 8 ago. 2024.

EVANS, T. M., BIRA, L., GASTELUM, J. B., WEINER, L.T., VANDERFORD, N. L. Evidence for a mental health crisis in graduate education. **Nature Biotechnol**, v. 36, n. 3, p. 282-284, 2018. Disponível em: https://pubmed.ncbi.nlm.nih.gov/29509732/ Acesso em: 15 ago. 2024.

GIUSTI, Júlia; CRISPI, Priscila. Crise na pós-graduação: evasão de pesquisadores prejudica a ciência nacional. **Correio Braziliense**. Disponível em: https://www.correiobraziliense.com.br/euestudante/trabalho-e-formacao/2024/04/6836129-crise-na-pos-graduacao-evasao-de-pesquisadores-prejudica-ciencia-nacional.html Acesso em: 14 de out. 2024.

HIRATA, Helena. A precarização e a divisão internacional e sexual do trabalho. **Sociologias**, n. 21, p. 24–41, 2009. Disponível em: https://doi.org/10.1590/S1517-45222009000100003 Acesso em: 8 ago. 2024.

HIRATA, Helena. Tendências recentes da precarização social e do trabalho: Brasil, França, Japão. **Caderno CRH**, v. 24, spe 1, 2011. Disponível em: https://www.scielo.br/j/rbcsoc/a/pnBh2jD6DPwm3BwB7Jg9QXK/?lang=pt Acesso em: 15 ago. 2024.

KUENKA, Barbara Sant'ana. O Impacto da Pós-Graduação Stricto Sensu sobre o Estado de Saúde Mental do Brasileiro. **Revista Economia Ensaios**, v. 36, n. 2, p. 1983-1994, 2021. Disponível em: https://doi.org/10.14393/ree-v36n2a2021-56061 Acesso em: 16 ago. 2024.

PACHECO, Denis. Após recorde de fuga de cérebros, Brasil precisa voltar a atrair profissionais. 2023. **Jornal da USP**. Disponível em: https://jornal.usp.br/atualidades/apos-recorde-de-fuga-de-cerebros-brasil-precisa-voltar-a-atrair-profissionais/ Acesso em: 16 ago. 2024.

PALAZZUOLI, Mauricio dos Santos. **Perfil de evasão discente na pós-graduação stricto sensu na área da saúde na Unifesp**. 2022. Dissertação de Mestrado. Universidade Federal de São Paulo. Disponível em: https://repositorio.unifesp.br/handle/11600/65859 Acesso em: 11 de out de 2024.

PARENT IN SCIENCE. **Movimento Parent in Science**. Disponível em: https://www.parentinscience.com/ Acesso em: 14 de out de 2024.

PEIXOTO, Maria Tatiana; SOARES, Themis Cristiana Mesquita; BEZERRA, Sara Taciana Firmino. A Produção Acadêmica Suscita Adoecimento? Revisão Sistemática Integrativa Sobre A Saúde Discente Na Pós-Graduação Stricto Sensu. **Revista Brasileira de Pós-graduação** (RBPG), Brasília, v. 18, n. 39, p. 1-17, jan./jun., 2022.

TRONTO, Joan C. **Moral Boundaries**: A Political Argument for an Ethic of Care. Nova Iorque: Routledge, 1993. Disponível em: https://doi.org/10.4324/9781003070672 Acesso em: 15 ago. 2024.

VALENTIM, Igor Vinicius Lima. **Cafetinagem acadêmica, assédio moral e autoetnografia**. Rio de Janeiro: ComPassos Coletivos, 2022.

5

POR UMA PÓS-GRADUAÇÃO BASEADA EM PERGUNTAS, CURIOSIDADES E TESÃO

Igor Vinicius Lima Valentim

Em 2017, quando comecei a atuar em mestrados e doutorados como professor e orientador, uma coisa que me chocou foi ver o quanto diversas pesquisas eram desenvolvidas já se sabendo, desde o início, quais eram as respostas para a "questão principal".

Em alguns casos não parecia haver uma pergunta de fato, no sentido de uma curiosidade genuína, algo que não se soubesse e que se precisasse da pesquisa para saber, ou que se soubesse pouco e se necessitasse desenvolver as etapas de uma investigação científica para se saber mais. Ou seja, algumas investigações pareciam estar baseadas em questões de pesquisa que, desde o início, já tinham respostas e conclusões antes mesmo de sua realização.

No universo da Pós-Graduação, algumas "questões de pesquisa" parecem meramente burocráticas, retóricas: perguntas com respostas já sabidas de antemão, respostas estas disfarçadas textualmente de hipóteses, mas que de hipóteses não têm absolutamente nada.

Foi impossível não lembrar de um livro chamado **Por uma pedagogia da pergunta**[1], escrito com base em uma conversa entre Paulo Freire e Antonio Faundez. Na obra, publicada pela primeira vez em 1985, mas elaborada em agosto de 1984, os educadores comentam a respeito de vivermos uma educação baseada em dar respostas, na qual não são estimuladas nem a capacidade de criar perguntas e nem a criatividade. Será que essa obra ainda pode ser considerada atual e contemporânea 40 anos depois? O chileno Antonio Faundez afirma:

> No ensino esqueceram-se das perguntas, tanto o professor como o aluno esqueceram-nas, e **no meu entender todo conhecimento começa pela pergunta. Começa pelo que você, Paulo, chama de curiosidade. Mas a curiosidade é uma pergunta!** Tenho a impressão (e não sei se você concorda comigo) de que hoje o ensino, o saber, é resposta e não pergunta (Freire e Faundez, 1998: 24, grifos meus).

Lecionando uma disciplina dedicada a temas de pesquisas para mestrandos recém-ingressos no Programa

---

1   FREIRE, Paulo; FAUNDEZ, Antonio. Por uma pedagogia da pergunta. 4. ed. Rio de Janeiro: Paz e Terra, 1998.

de Pós-Graduação em que eu atuava na época, resolvi lançar para os estudantes a seguinte pergunta, logo na primeira aula:

> **O que, na sua pesquisa, não poderia ser feito por um robô?**

A maior parte da turma, composta por mestrandos e doutorandos em Educação, me olhava em silêncio. Atônita. Incomodada. Repeti a pergunta. Aos poucos os comentários começaram a aparecer. Alguns alunos se apressaram em dizer que nada poderia ser feito por robôs na sua pesquisa, para serem rapidamente desconstruídos por seus próprios colegas de turma. O incômodo permanecia aceso no rosto de cada um e cada uma.

Houve estudantes que apontaram que algumas tarefas repetitivas, como transcrições de áudios e vídeos, seriam aquelas de mais rápida possibilidade de passarem a ser realizadas robôs. Uma estudante concluiu, hesitante, abaixando a cabeça pensativa e ao mesmo tempo demonstrando certa tristeza:

> — *Talvez, não sei, acho que não há nada na minha pesquisa que não possa ser feito por um robô.*

E como ficam possíveis questões éticas? E as subjetividades? Onde entram as emoções e afetações? Seguimos a aula com mais perguntas e como mais discussões e ponderações surgiram, avançamos enquanto turma, destrinchando a pesquisa que era desenvolvida por cada estudante com críticas, não apenas minhas, mas de todo o coletivo presente.

A chamada Inteligência Artificial (IA) ainda não estava em todas as manchetes e discussões em 2017, mas já se falava em robotização há bastante tempo. A substituição do trabalho humano por máquinas já era uma realidade há muitas décadas, em diversas atividades e setores da sociedade.

Hoje, em 2024[2], esta discussão parece ainda atual, principalmente incluindo as questões relacionadas às diversas ferramentas já amplamente disponíveis chamadas de IA, tais como ChatGPT, Claude, Gemini e Copilot, para citar apenas as mais famosas e difundidas. A cada dia surgem novas, com capacidades diferentes e potencialidades que se expandem, inclusive com relação ao trabalho científico, educacional e de pesquisa.

O ponto central que me fez realizar a pergunta para a turma não estava relacionado diretamente a robôs ou a IA, mas a uma reflexão que julgo ser necessária sobre o que desenvolvemos na academia enquanto pesquisadores: em que medida nossas pesquisas são originadas a partir de curiosidades, de dúvidas, de coisas que nos atravessam, nos movem, nos impulsionam e estimulam? Que pesquisas estamos produzindo na Academia? Para quê(m)? Como?

No mundo, a curiosidade está sendo cada vez mais desestimulada. E isso tem contribuições muito, muito, muito significativas não apenas no Brasil, mas ao redor do mundo também. Nas últimas décadas vêm crescendo exponencialmente diferentes formas de fanatismo ligadas a religiões, dogmas, verdades absolutas e postulados inquestionáveis. Soma-se a isso a arrogância e o autoritarismo de boa parte da academia e dos acadêmicos, que em diversos casos cultivam o espírito acadêmico do expert que se acha o dono do saber maior, absoluto e inquestionável.

> O autoritarismo que corta as nossas experiências educativas inibe, quando não reprime, a capacidade de perguntar. A natureza desafiadora da pergunta tende a ser considerada, na atmosfera autoritária, como provocação à autoridade. E, mesmo quando isto não ocorra explicitamente, a experiência termina por sugerir que perguntar nem sempre é cômodo" (Freire e Faundez, 1998: 24).

Há muitas pessoas na academia que demonstram algumas atitudes e posturas com tamanha arrogância e autoritarismo que não querem (ou não consideram que precisam) ouvir ninguém em suas "pesquisas".

---

2   Este texto foi escrito em agosto de 2024.

Paulo Freire afirma: "o educador, de modo geral, já traz a resposta sem se lhe terem perguntado nada!" (Freire e Faundez, 1998: 24). Muitas vezes isso é feito com absoluta certeza de que é "pelo bem das pessoas ou da sociedade". Afinal, essas pessoas consideram que possuem experiência e conhecimentos acumulados suficientes para "ajudar" os outros, os burros, ignorantes, desprovidos de luz e de saberes. Não é à toa que Paulo Freire comentou ainda que

> [...] até mesmo entre pessoas e instituições movidas pela intenção de ajudar, se acha fortemente presente a ideologia autoritária que supervaloriza o conhecimento científico, a tecnologia avançada, e menospreza a sabedoria popular. [...] **Ninguém se dá ao trabalho de perguntar, de pesquisar, pois a "incompetência" da população é considerada uma "dimensão de sua natureza"** (Freire e Faundez, 1998: 54, grifos meus).

Mas como pesquisar e construir conhecimentos novos e inovadores sem perguntar? Sem curiosidades genuínas? Para Antonio Faundez, o início do conhecimento é perguntar.

> [...] **somente a partir de perguntas é que se deve sair em busca de respostas, e não o contrário: estabelecer as respostas, com o que todo o saber fica justamente nisso, já está dado, é um absoluto, não cede lugar à curiosidade nem a elementos por descobrir** (Freire e Faundez, 1998: 24, grifos meus).

Ainda que a obra mencionada acima tenha sido publicada em 1985, as perguntas de pesquisas baseadas efetivamente em curiosidades, dúvidas e incertezas parecem cada dia mais raras no universo da Pós-Graduação, tanto entre as realizadas por docentes quanto por discentes. Consequentemente, é perceptível que esses pesquisadores não estão abertos a duvidar de si mesmos. Não estão abertos a questionar a si próprios e as suas próprias certezas. Como é possível estimular o novo e construir o diferente desta forma? É possível pesquisar com base em perguntas e curiosidades genuínas desta forma? Essa postura arrogante e autoritária contraria o que Antonio Faundez pensa (e eu concordo):

> Penso que uma das características de seu trabalho (e eu bem que gostaria fosse uma característica de meu trabalho) é essa necessidade que você sente

de criticar-se a si mesmo, de sempre se colocar em questão, de desconfiar constantemente de seu trabalho, nos planos prático e teórico, de propor a si mesmo novas perguntas e novas respostas, e nunca declarar numa atitude de conformação: "Alcancei o absoluto" (Freire e Faundez, 1998: 61, grifos meus).

Olhando especificamente para a Pós-Graduação, diversos estudantes querem cursar o mestrado e o doutorado e para isso, com poucas exceções, fazem tudo que está ao seu alcance para entrar no sistema. E isso inclui, em boa parte dos casos, pesquisar o que o professor-orientador já pesquisa ou quer pesquisar.

A situação é tão alarmante que hoje, em 2024, há muitos, diversos, numerosos Programas de Pós-Graduação que colocam em seus sites e editais de processos seletivos estudantis para mestrado e doutorado uma lista com os nomes dos professores-orientadores que têm vagas disponíveis e os títulos e resumos dos projetos de pesquisa desses professores.

Ou seja, o aluno vai entrar para trabalhar em um projeto de pesquisa já pré-definido pelo professor-orientador. Qual é a margem de criatividade existente? De criação? De invenção do novo? Qual a abertura ao imprevisto e ao imprevisível? Em muitos casos, mínima. Em outros casos, inexistente. Para mim, assim como para Paulo Freire, "o problema que, na verdade, se coloca ao professor é o de, na prática, ir criando com os alunos o hábito, como virtude, de perguntar, de "espantar-se"" (Freire e Faundez, 1998: 25).

Nos mestrados e doutorados são formados os pesquisadores e educadores considerados como de mais alto nível (e futuros formadores de novos educadores e cientistas). Mas qual é o estímulo para que sejam inovadores, criativos e socialmente preocupados, quando muitas das pesquisas conduzidas nos Programas de Pós-Graduação parecem já ter respostas prontas antes mesmo de começarem? Além disso, há ainda outras investigações que só são aceitas para serem desenvolvidas em mestrados e doutorados se estiverem alinhadas ao que já está previamente desenhado.

Existe abertura à construção de sonhos novos,

diferentes dos sonhos dos acadêmicos que já ocupam posições de poder hoje (como professores-orientadores de mestrados e doutorados)?

Ao preparar a versão final deste texto, recebi questionamentos de minha querida amiga Cláucia Faganello, a quem agradeço imensamente pelas contribuições especiais. E ela me questionou:

— *A academia é um espaço de sonho?*

Sem dúvida é preciso investigar isso em trabalhos posteriores, mas penso que é necessária, dentro da academia, da ciência e da educação, a abertura à diferença, à curiosidade, aos sonhos e desejos (associados ao trabalho duro necessário) de outras pessoas, e não apenas daquelas que hoje são se encontram em posições de destaque.

Qual é o grau de abertura e estímulo, por exemplo, à construção de pesquisas centradas nos interesses dos estudantes, quando estes são diferentes dos trabalhos já desenvolvidos pelos orientadores?

Dito de maneira clara, em que medida os estudantes de mestrados e doutorados têm a possibilidade de construir e desenvolver pesquisas que não estejam alinhadas aos interesses, objetivos e projetos dos orientadores?

Muita gente diz que quer uma educação mais inovadora, mais atual, menos arcaica, mais socialmente responsável, mais voltada para as camadas populares e para os desafios de nossa sociedade. Mas como é a atitude dessas pessoas quando estão em suas relações interpessoais acadêmicas? Em que medidas as suas atitudes e a maneira como conduzem suas pesquisas, aulas e orientações estimulam isso que elas dizem querer? Qual é a sociedade que estamos construindo diariamente com as nossas posturas, atitudes e ações?

> [...] a revolução começa justamente na revolução da vida cotidiana. Viver o que se defende cotidianamente, individualmente, parece-me fundamental (Freire e Faundez, 1998: 19).

Em busca de um caminho para superar essas

posturas tradicionais e dominantes, Mennin[3] (2022: 1-3) considera que é preciso estimularmos a transformação de julgamentos em curiosidades, de considerações em perguntas, e de posturas defensivas em autorreflexão, valorizando a incerteza e a curiosidade.

Nada disso é fácil. Transformar toda essa discussão em ações é muito difícil e mexe com nossa própria autoimagem enquanto estudantes, pesquisadores, docentes e profissionais. Somos educados desde pequenos no sentido de abandonarmos as perguntas e curiosidades. Como é possível, em termos práticos, que nós consigamos construir pesquisas mais centradas em curiosidades genuínas, para as quais seja necessário ouvir pessoas e que não saibamos as respostas de antemão? Apresento um singelo exemplo que uso tanto para minhas próprias pesquisas quanto com as pessoas que oriento na universidade: a dinâmica da folha em branco.

A dinâmica da folha em branco

Este é apenas um exercício inicial. São apenas alguns poucos passos. Ele não vai resolver todos os problemas com perguntas de pesquisa. Mas pode ajudar a tornar mais claro, em um diálogo entre você e você mesmo, aquilo que você já sabe e aquilo que quer saber. Sempre penso que vale ao menos tentar, experimentar.

1. Pegue uma folha de papel em branco. Pode ser do tamanho A4 mesmo.
2. Coloque a folha na posição horizontal.
3. Escreva no topo da folha, com letras grandes, qual a sua principal pergunta ou questão de pesquisa neste momento.
4. Abaixo da pergunta, desenhe uma coluna vertical no meio da folha, dividindo-a em duas partes.

---

[3] MENNIN, S. P. The essential role of inquiry in teaching and learning. Espaço para a Saúde - Revista de Saúde Pública do Paraná, v. 23, p. 1–3, 13 dez. 2022.

5. Na parte da esquerda, escreva tópicos com o que você já sabe sobre a pergunta que escreveu acima. É preciso que você seja totalmente aberto consigo mesmo e expresse todos os seus pontos de partida. Você pode incluir entre parênteses de onde sabe aquilo que sabe (vivências, experiências anteriores, referências científicas, leis, leituras, ou o que quer que seja).

6. Na parte da direita, escreva tópicos com aquilo que você não sabe e quer saber. Escreva também aquilo que

7. Trace setas ligando os tópicos que na coluna da esquerda que se relacionam aos da direita.

8. Releia toda a coluna da direita, agora com as ligações de suporte na coluna da esquerda. O que você colocou na coluna da direita já encontra alguma resposta (ou parte de uma resposta) em algum aspecto da coluna da esquerda? O que ficou de real curiosidade genuína, ou seja, curiosidades que você não sabe a resposta? Ou que tem pistas, mas precisa se aprofundar mais para saber melhor?

E o tesão? E a alegria?

Você vai passar de dois a cinco anos pesquisando algo que não te desperta curiosidade, algo para o qual você já tem respostas desde o início? Algo que não te dá tesão de ir atrás, de ouvir outras pessoas, de fazer descobertas, de ser surpreendido? Algo que você considera que "já domina" de antemão? Vai ficar apertando parafusos de coisas pensadas por outras pessoas e que não se conectam contigo?

Roberto Freire[4] já apontou que sem tesão não há solução e reforçou a necessidade da alegria como motor de nossas vivências! Mas alguém se importa se o projeto

---

4   FREIRE, Roberto. Sem tesão não há solução. 20. ed. São Paulo: Trigrama, 1990.

que está desenvolvendo faz sentido para si? Se traz alegria e satisfação?

Às vezes parece que a alegria é uma emoção clandestina e quase proibida no universo acadêmico!

Lembrei-me do filme Tempos Modernos[5], com o genial Charlie Chaplin. Pedi ao ChatGPT que gerasse uma imagem relacionando o filme com tudo que estou abordando neste texto. Eis o resultado:

5   Disponível em: https://www.youtube.com/watch?v=3tL3E5fIZis

No previamente mencionado livro elaborado em 1984 Paulo Freire já afirmava que

> [...] será tão mais eficiente o trabalho que, respondendo à exigência de maior produtividade na perspectiva capitalista, não pergunta nem se pergunte e pouco saiba mais além da tarefa rotineira que a produção em série lhe atribua. [...] em nome da eficiência, da produtividade, o que se faz é a burocratização da mente ou da consciência ou da capacidade criadora do operário. Na verdade, quanto mais se "embrutece" a capacidade inventiva e criadora do educando, tanto mais ele é apenas disciplinado -, para receber "respostas" a perguntas que não foram feitas, como salientaste antes. Quanto mais se adapta o educando a tal procedimento, tanto mais ironicamente se pensa que essa é uma educação produtiva" (Freire e Faundez, 1998: 28).

Ou seja, precisamos construir uma outra ideia de efetividade científica. Precisa de uma ciência que funcione baseada em perguntas, questionamentos, dúvidas, curiosidades, alegrias e tesão!

Perdemos nosso tesão e nossa alegria! Anestesiamo-nos e burocratizamos nossas vivências no universo da Pós-Graduação. Paulo Freire diz:

> [...] **quando uma pessoa perde a capacidade de assombrar-se, se burocratiza.** [...] A burocratização implica a adaptação, portanto, com um mínimo de risco, com nenhum assombro e sem perguntas. [...] Para mim, negar o risco é a melhor maneira que se tem de negar a própria existência humana" (Freire e Faundez, 1998: 27, grifos meus).

Se formos olhar de maneira geral, nem estudantes nem professores costumam trabalhar com atividades baseadas em perguntas e com base em um estímulo contínuo e estruturado na construção de novas perguntas. Na atitude e na concepção de boa parte de professores e estudantes, o professor é o dono da verdade. A verdade. No singular. Verdade única. É claro que há métodos ativos ao redor do mundo tais como a Aprendizagem Baseada em Projetos e a Aprendizagem Baseada em Problemas, entre outros tantos, mas eles ainda são encontrados em apenas uma reduzida parcela das atividades acadêmicas no mundo.

Se reclamar não basta, algumas coisas que parecem

ser interessantes é que precisamos incluir no ensino de todos os níveis, inclusive de mestrados e doutorados, o estímulo à pergunta, ao perguntar, à dúvida. Só assim conseguiremos estimular a criatividade, a inovação e, principalmente, a alegria na Pós-Graduação.

Neste sentido, tenho tentado[6,7,8] construir algumas aventuras, criando e desenvolvendo diferentes disciplinas transdisciplinares de mestrado e doutorado realizadas de modo síncrono, ao vivo, remoto, e totalmente baseadas em métodos ativos. Nestas disciplinas, realizadas de modo remoto justamente porque são abertas para estudantes de Programas de Pós-Graduação de todo o Brasil e de qualquer área de conhecimento, os estudantes precisam desenvolver, ao longo do período letivo, uma pesquisa autoral do seu interesse com base em uma pergunta construída por eles, uma dúvida genuína.

Nesses pequenos experimentos tenho encontrado diversas pessoas que ousam. Que se desafiam. Que se desconstroem. E que me obrigam igualmente a me desconstruir. Repensar minhas práticas. Hábitos. Costumes.

São tentativas que dão infinitamente mais trabalho que aulas expositivas ou focadas exclusivamente na discussão de textos e apresentação de seminários, talvez os tipos de aulas mais comuns em mestrados e doutorados no Brasil. Tanto para estudantes quanto para docentes estas experimentações são bastante trabalhosas, seja com relação à dedicação necessária, seja com relação à abertura necessária para o novo, para o diferente, para transformar e ser transformado.

É claro que ninguém começa do zero. As nossas

---

6 VALENTIM, Igor Vinicius Lima; MOREIRA, Mariana Maia; GONÇALVES, Suziane de Oliveira dos Santos. Metodologias ativas no ensino remoto: uma autoetnografia. Rio de Janeiro: Compassos Coletivos, 2021.

7 VALENTIM, Igor Vinicius Lima (Org). Metodologias Ativas na Pós-Graduação: escuta, curiosidade e amor. Rio de Janeiro: Compassos Coletivos, 2023.

8 VALENTIM, Igor Vinicius Lima; FAGANELLO, Cláucia Piccoli (Orgs.). Active Learning in Graduate Education: listening, curiosity and love. Rio de Janeiro: Compassos Coletivos, 2023.

perguntas não surgem do nada. Carregamos nossas histórias, experiências, bagagens, marcas e afetos. O ponto central que levanto aqui é: queremos "falar sobre" nossas ricas experiências ou usamos elas como ponto de partida para construir outras curiosidades, outras perguntas, e, portanto, pesquisar. Ou seja, dito de modo direto, nas nossas pesquisas, quanto queremos "falar sobre" e quanto desejamos "perguntar sobre", "pesquisar sobre" e "ouvir sobre"?

Se quisermos repensar a Pós-Graduação e construir uma academia que possa contribuir mais para a sociedade como um todo, precisaremos reorganizar mestrados e doutorados de formas a estarem mais apoiados em pesquisas que busquem trabalhar perguntas sem respostas previamente dadas, ou seja, investigações que estejam conectadas com curiosidades genuínas.

Para isso, algumas perguntas podem ajudar a alguns pesquisadores:

- **O que, na sua pesquisa, não poderia ser feito por um robô ou uma IA?**
- **O que, desta sua pesquisa, você já sabe? O que já sabe e quer saber mais?**
- **O que, desta sua questão de pesquisa, você efetivamente não sabe?**
- **Quem você precisa ouvir para poder saber o que você efetivamente não sabe?**

Ao invés de simplesmente buscarem confirmar hipóteses pré-estabelecidas, os pós-graduandos precisam ser estimulados a construir e a explorar novas perguntas, a se aventurarem em territórios desconhecidos e a abraçarem com alegria e tesão a incerteza. Talvez necessitemos orientar mais os estudantes sobre como navegar em meio a dúvidas e incertezas do que a buscarem certezas. Mas, para isso, talvez precisemos começar esse trabalho por nós próprios, orientadores. É urgente conviver de outras formas com a insegurança, a exposição, a crítica e a dúvida.

As instituições, os orientadores e os estudantes têm todos um papel crucial. Todos nós. É preciso batalharmos, guerrearmos, buscarmos incansavelmente, em todas as frentes e situações possíveis, um ambiente que estimule a curiosidade genuína, que valorize o questionamento e que permita que os estudantes sigam caminhos de pesquisa originais e ousados. Isso pode envolver a revisão dos critérios de seleção de projetos, a flexibilização dos currículos e a promoção de uma cultura acadêmica mais aberta ao risco e à experimentação.

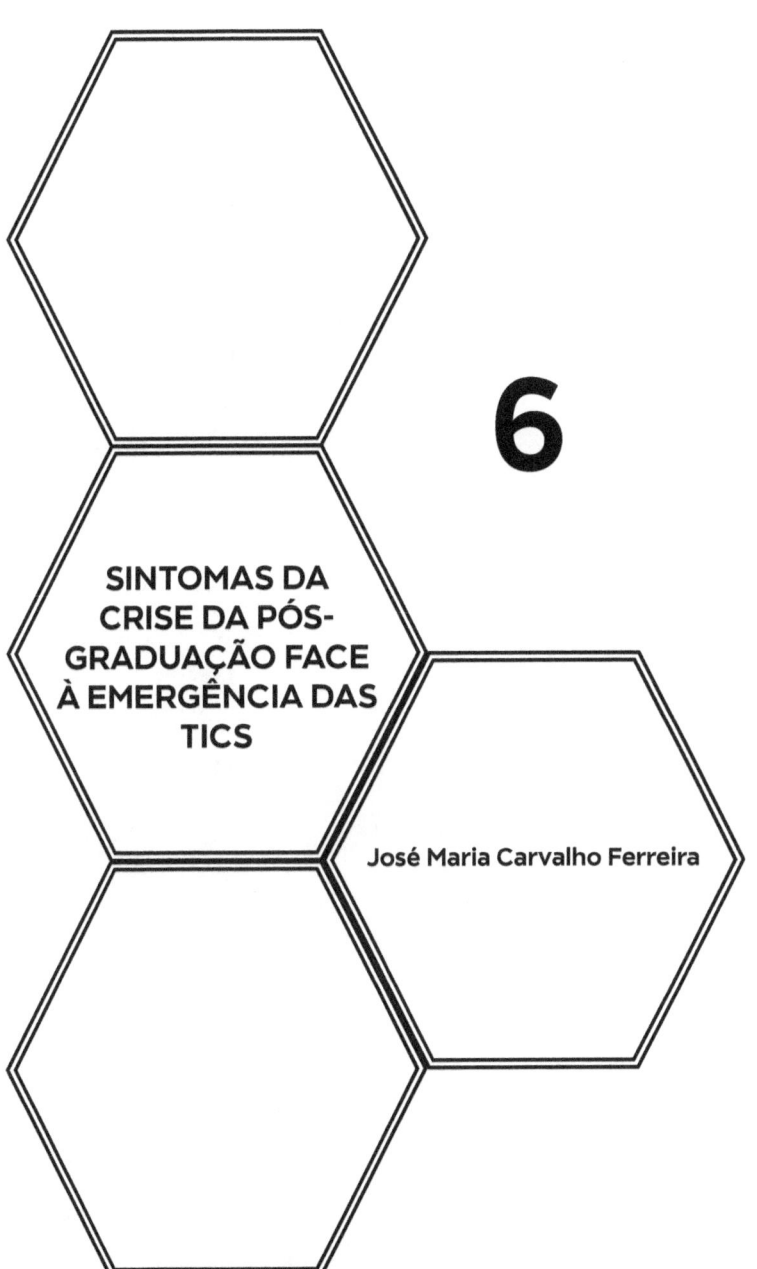

6

SINTOMAS DA CRISE DA PÓS-GRADUAÇÃO FACE À EMERGÊNCIA DAS TICS

José Maria Carvalho Ferreira

Os desfasamentos e contradições científicas das premissas modelares das epistemologias e metodologias das ciências sociais e humanas, como das ciências duras, são cada vez mais visíveis nas sociedades contemporâneas. Essas evidências empíricas emergem da falta de capacidade de analisar e controlar as causas e efeitos perversos e disfuncionais dos fenômenos de natureza econômica, cultural, política e social.

No caso específico das ciências sociais e humanas, a pretensa utilidade e funcionalidade vocacional das competências profissionais de professores e alunos para normalizar e estabilizar a ação do Estado e do mercado - ou de qualquer modelo societal - está numa situação crítica, assim como ocorre, singularmente, para as instituições e organizações da sociedade civil. Por outro lado, o acriticismo doentio das ciências sociais e humanas, relativamente à omissão e inexistência de informação e conhecimento da atual tragédia biológica e social das espécies humana, animal e vegetal revelam, de forma insofismável, a inutilidade das referidas ciências que persistem e são facultadas pelas pós-graduações das universidades contemporâneas.

Embora a ascensão social, geradora de dinheiro e poder através de profissões privilegiadas no seio do Estado, empresas e instituições que atuam no mercado e na sociedade civil, seja facilitada por essas formações, não é menos verdade que essa prevalência hegemônica do valor heurístico das pós-graduações em ciências sociais e humanas tem perdido espaço. A pesquisa, formação e pedagogia em termos do comportamento humano baseado na co-presença física, depois da emergência das TICs (Tecnologias de Informação e Comunicação), vêm perdendo terreno pela substituição das práticas virtuais.

Há que ter em atenção a influência estruturante das TICs que subsistem a diferentes níveis de produção, distribuição, troca e consumo de bens e serviços científicos. Essa transformação implica a passagem para bens e serviços científicos imateriais no sentido mais lato, com expressão genuína em informação, conhecimento e energia humana, traduzidos em bens e serviços analítico-simbólicos.

De toda esta realidade não podemos, simplesmente,

pensar somente na desacreditação científica generalizada baseada nos pressupostos ditados pelo progresso e pela razão enraizados no império civilizacional judaico-cristão. As ciências sociais e humanas nas pós-graduações das universidades contemporâneas submetem-se aos valores, à moral e à ética dessa civilização. Há, portanto, que pensar que a formação, a pesquisa e a pedagogia das pós-graduações são omissas ou dicotomizaram as causas e efeitos da totalidade dos fenômenos do planeta Terra que geram o genocídio de espécies humanas, animais e vegetais.

Ao passo que o modelo básico civilizacional judaico-cristão é transposto para o espaço-tempo científico das pós-graduações, na atualidade o impacto das TICs subverteu essa lógica dicotômica. Entre o mundo real e o virtual não existem só dicotomias, mas também interdependências e complementaridades.

Em função do que acabo de referir persiste a necessidade de analisar os seguintes aspectos:

1. A pós-graduação como evolução histórica das necessidades de formação e pesquisa as universidades;
2. Os "trinta gloriosos" anos do capitalismo (1945-1975) e as contingências das TICs nas pós-graduações das universidades;
3. A atualidade da epistemologia, formação, pesquisa e pedagogia da pós-graduação nas universidades.

1. A pós-graduação como evolução histórica das necessidades de formação e pesquisa nas universidades

Sabemos da existência da pós-graduação em universidades em articulação estreita com as necessidades profissionais e institucionais do Estado e do mercado desde os finais do século XIX. Sua importância, nessa época, ainda era reduzida nos países capitalistas desenvolvidos, sobretudo em comparação com as necessidades de formação e pesquisas, na medida em que essas necessidades estavam centradas quase exclusivamente na realização de licenciaturas e no bacharelado da graduação.

Na realidade, essas formações e pesquisas baseavam-se em estruturas e funções com base em disciplinas curriculares cuja formação, em muitos casos, prescindia de qualquer tipo de pesquisa e formação correlacionadas com as competências e qualificações da sociedade civil, do Estado e das empresas. Digamos que estamos num tempo áureo de ausência da pesquisa e da formação das pós-graduações, ao mesmo tempo em que se prescinde do valor heurístico dessas singularidades específicas do valor científico das teses de doutorados com possibilidade de repercussões no funcionamento normativo da sociedade global. Daqui podemos intuir a pouca importância das bases científicas que a pós-graduação assumia nas formações e pesquisas das pós-graduações nas universidades, sobretudo no final do século XIX e princípios do século XX.

Entretanto, por razões lógicas relacionadas à expansão do capitalismo e do Estado-Nação, conjugados com a expansão do processo de industrialização e de urbanização das sociedades, que culmina no fim da Segunda Guerra Mundial, em 1945, são criadas as condições econômicas, sociais, políticas e culturais conducentes aos alicerces básicos do taylorismo e do fordismo, com especial incidência simbólica na criação da sociedade automóvel.

Conjugado com todo este processo histórico emergem um conjunto de necessidades científicas nas áreas dos setores industrial, comercial e agrícola. Para se tornar interdependente e complementar de forma eficaz e eficiente às exigências deste processo histórico, as universidades não podiam continuar a satisfazer as necessidades deste mercado emergente com base, exclusivamente, na formação e nas pesquisas formatadas pelas necessidades mercantis. Estas, modeladas por qualificações e competências profissionais inscritas nas estruturas curriculares das disciplinas tradicionais dos bacharelados e licenciaturas, frequentados pelas elites clássicas.

Daqui se deduz das exigências prementes das universidades em enveredarem pela transformação dos conteúdos e das formas de formação e a pesquisa científica, balizadas quase que exclusivamente na graduação. Ao mesmo tempo, era necessário evoluir na criação de novas epistemologias que formatassem a formação e a pesquisa.

Perante esta conjuntura de expansão da sociedade do automóvel, foi fundamental que as universidades alargassem os seus objetivos e estratégias científicas para ultrapassarem as limitações e as insuficiências de formação e de pesquisa da graduação. A pós-graduação emergiu de forma natural e espontânea. Para os devidos efeitos, começaram a criar-se pós-graduações nas diferentes universidades e diferentes especialidades científicas; física, engenharias, matemática, gestão, economia, história, filosofia, sociologia, antropologia, geografia, demografia, política, ciências sociais, etc.

A prevalência inicial dos mestrados teve a ver com as demandas do mercado, o horizonte temporal da formação e da pesquisa e a facilitação da empregabilidade. O doutoramento tornou-se um dilema mais complexo na estrita medida em que, se por um lado aumentavam as exigências qualitativas e quantitativas de pesquisa, por outro lado a sua inserção e visibilidade profissional no mercado de trabalho era dificultada devido à baixa aceitação de sua utilidade funcional pelas empresas, sociedade civil e Estado.

Neste contexto de evolução histórica das pós-graduações podemos inferir importantes relações entre professores, alunos e funcionários. Para os devidos efeitos, importa sobremaneira salientar todos os aspectos relacionais de presença física compartilhada emergentes na estrutura hierárquica da autoridade formal, divisão social do trabalho, processo de tomada de decisão e processo de liderança que consubstanciam qualquer pesquisa e formação no âmbito da pós-graduação, com especial incidência nos doutoramentos. Daqui podemos extrair qual a natureza das relações intrapessoais, interpessoais, intra-grupais, intergrupais, intraorganizacionais. Se expandir as minhas hipóteses relacionais comportamentais num espaço-tempo de co-presença física, é fácil admitir que todas essas relações propiciam contextos-situações de conflitualidade, omissões, silêncios, dominação, exploração, violência e desigualdade social.

Essas dimensões relacionais levam-nos a detectar que o professor tinha uma função preponderante na pesquisa e na formação dos doutorandos, na estrita medida em que assumia posições de onipresença, onisciência e onipotência, embora muitas vezes não tivesse qualquer participação efetiva na recolha da informação e do conhecimento científico.

Em termos da estrutura hierárquica formal, só o professor pode exercer determinadas funções na orientação dos doutorados e só ele possui o saber-fazer e o poder científico institucional e formal para permitir a realização científica dos doutoramentos de forma eficaz e legítima.

A divisão social do trabalho introduz-nos a necessidade de refletir a respeito da administração e das funções subjacentes aos papeis do professor, do aluno e do funcionário técnico-administrativo que integram qualquer programa de pós-graduação. No campo organizacional e administrativo, o professor dita ordens e os funcionários administrativos cumprem todas as funções administrativas através de uma panóplia legislativa e organizacional, repleta de regras e regulamentos.

O processo de tomada de decisão implica sobretudo que os professores tenham consciência dos problemas e desafios que envolvem a pós-graduação em que estejam inseridos. No essencial, tem que tomar decisões que envolvem as funções do exercício do seu poder hierárquico no funcionamento corrente das pós-graduações, sem esquecer as suas prerrogativas que tem que ver com as estratégias do futuro.

Os alunos não têm voz ativa para decidir o que quer que seja. Limitam-se a estudar e a pesquisar o seu objeto científico de doutoramento. Os funcionários técnicos-administrativos são um mero órgão de funções administrativas e limitam-se a acatar as ordens dos professores decisores. Alunos e funcionários são mais consequência do que apresentam participação efetiva no processo de tomada de decisão. O processo de liderança, mesmo que possa estar submetido à lógica da autoridade hierárquica formal dos professores, no dia a dia do funcionamento das pós-graduações, por vezes, ocorrem situações informais e espontâneas que provêm de qualidades excepcionais dos subalternos hierárquicos, como são os casos de alunos e funcionários que preenchem os vazios, as omissões e as incompetências dos professores que, em princípio, deveriam liderar os espaços de intervenção específicos dos programas de pós-graduação das universidades.

2. Os trinta gloriosos anos do capitalismo (1945-1975) e as contingências TICs nas pós-graduações das universidades

Se tivéssemos que comparar e constatar a potenciação inaudita que a pós-graduação assumiu nas universidades em pleno século XX, não há dúvida alguma de que as bases substantivas subsistem ao nível das necessidades de pesquisa e formação resultantes do peso estruturante do apogeu dos trinta gloriosos anos do capitalismo, entre 1945 e 1975.

Não podemos cingir-nos rigorosamente a uma data com princípios e fins bem definidos. Todavia, considerando o fim da Segunda Guerra Mundial e a entrada em cena, na década de 1970, das novas tecnologias, podemos, facilmente, deduzir da expansão e apogeu modelado pela produção, distribuição, troca e consumo de consumo corrente, com expressão em matérias-primas palpáveis em que a sociedade do automóvel é a expressão máxima.

Com a emergência das Tecnologias de Informação e Comunicação (TICs), a partir das máquinas-ferramentas de comando numérico, robótica, telemática, informática, biotecnologia, biociência, tecnociência, nanotecnologia, redes sociais, páginas web, internet e mais, recentemente, a inteligência artificial, o peso estruturante do espaço-tempo de produção, distribuição, troca e consumo de matérias-primas e bens e serviços de consumo corrente começa a esvaziar-se de sentido histórico.

Assistimos também ao começo do fim e ao declínio progressivo do peso dos trinta gloriosos anos do capitalismo no sentido irreversível do termo, na medida em que o seu modelo de produção, distribuição, troca e consumo de bens e serviços de natureza material consubstanciado, simbolicamente, na sociedade automóvel perde a sua plasticidade social.

Para as universidades, os trinta gloriosos anos do capitalismo foram um maná mercantil de compra e venda de cursos de graduação e de pós-graduação com especial incidência para mestrados de via profissionalizante e doutoramentos baseadas em pesquisas no setor industrial, na agricultura e no comércio. De fato, a expansão destas atividades no mercado global, estruturadas pela irreversibilidade da urbanização e da comercialização, resultou em pleno no definhamento da atividade do setor agrícola. Como consequência, não admira que a informação, o conhecimento e a pesquisa das pós-graduações tivessem um desenvolvimento inaudito, sempre pautados pelas necessidades de qualificações e competências articulados com os objetivos de maximização de lucros das empresas e, por outro lado, das trajetórias e estratégias dos alunos das pós-graduações, que aspiravam mobilizar-se no sentido da estratificação social ascendente.

Na lógica histórica do papel das universidades nos trinta gloriosos anos do capitalismo, a expansão qualitativa e quantitativa das pós-graduações exprimia tão somente uma adequação à solicitação dos mercados, como também uma mudança das estruturas e funções curriculares que eram habituais nos planos da formação, da pesquisa e da pedagogia que eram atribuídos aos professores, alunos e funcionários que faziam parte da vida quotidiana das pós-graduações nas universidades. Todo este aparato de mudanças nas pós-graduação melhorou, substancialmente, o papel científico, financeiro e de prestígio social nas sociedades contemporâneas. Em grande medida, uma parte importante desse mérito só foi possível pelo papel que as universidades tiveram durante esse período histórico, nomeadamente, na criação e desenvolvimento de cursos de pós-graduação.

Com a emergência das TICs na década de 1970, desde o seu início até os nossos dias, assistimos a transformação e passagem do conhecimento científico e da informação, incrustado em instâncias objetivas e materiais, passaram para instâncias subjetivas e imateriais. Se considerarmos que a pesquisa, a formação e a pedagogia das pós-graduações é inscrita num regime de trabalho assalariado nas universidades, essa realidade implica que a codificação e a descodificação das linguagens de informação, conhecimento e energia humana emergente pela ação da cognição e emoção, só são possíveis pela abstração, complexidade, imaterialidade, instantaneidade e continuidade comportamental no espaço-tempo do trabalho realizado na pós-graduação.

Digamos que comparado com as qualificações e competências clássicas requeridas para formar e pesquisar o conhecimento científico padrão das teses de mestrado e doutoramento a partir do trabalho direto e exclusivo dos mestrandos e doutorandos, com auxílio dos orientadores e, administrativamente, dos funcionários, com as contingências das TICs (se destacam a informática, robótica, biociência, biotecnologia, tecnociência, nanotecnologia, internet, linguagens web, redes sociais e inteligência artificial), exigem que professores, alunos e funcionários utilizem diferentemente a sua cognição, emoção e energia para acederem à informação e ao conhecimento científico para realizarem a pesquisa e a formação ligadas aos programas de mestrado e doutorado.

Todas as restrições legais e funcionais aduzidas à estrutura hierárquica formal, divisão social do trabalho, processo de tomada de decisão e processo de liderança dos cursos de pós-graduação das universidades deixam de possuir o seu valor heurístico, porque grande parte destas relações sociais da pós-graduação ocorre agora sem a presença física, mas com base na espontaneidade, informalidade e autonomia relacional virtual.

Os espaços-tempo da produção, distribuição, troca e consumo de bens científicos que resultaram do apogeu dos trinta gloriosos do capitalismo (1945-1975) sofreram uma mudança substancial. Enquanto que, como exemplo, um livro de pesquisa e de formação, previamente, era editado e impresso, num espaço-tempo com barreiras bem definidas e distribuído de forma descontinuada. Em seguida, num outro espaço-tempo com barreiras e com descontinuidade, esse mesmo livro é vendido nas livrarias e centros comerciais. Finalmente, esse livro é consumido nos espaços-tempo das bibliotecas das universidades e das famílias de forma descontínua e com as barreiras físicas respetivas.

Se compararmos a especificidade dos espaços-tempo dos livros virtuais como são os casos emblemáticos da produção, distribuição, troca e consumo do E-Book, estamos perante um caso perfeitamente elucidativo. Não existe separação nem barreiras espaço-temporais entre os momentos de produção, distribuição, troca e consumo do E-Book. Não existem barreiras, persiste sempre a continuidade, a instantaneidade e efemeridade em todo o processo.

Nestas condições, o sucesso do aluno na formação e na pesquisa, é com base na sua capacidade cognitiva, emocional e energética de codificação e descodificação das linguagens científicas que persiste no âmbito das pós-graduações ministradas nas universidades.

3. Atualidade da epistemologia, formação, pesquisa e pedagogia da pós-graduação nas universidades

Se quisermos aprofundar as problemáticas da epistemologia, formação, pesquisa e pedagogia no quadro normativo da pós-graduação diante da emergência das causalidades e efeitos das TICs, é básico e determinante pensar no que se passa em relação às ciências sociais e humanas e mais, concretamente, na sociologia e na economia.

Quer nos domínios das relações sociais, interações sociais, mobilidade social, processos de socialização e estratificação social encontramos uma realidade em que prevalece, na grande maioria dos casos, uma plasticidade social virtual, sem que seja possível visualizar relações sociais ou interações sociais diretas e objetivas. O mesmo poderíamos deduzir do consumo de uma imensidão de bens e serviços analítico-simbólicos sem qualquer tipo de mediação humana.

Partindo do princípio que estamos em presença de grandes mudanças epistemológicas no caso da sociologia, então o conteúdo do conhecimento científico das atuais estruturas disciplinares das pós-graduações está completamente desfasado da informação e do conhecimento científico que são imprescindíveis para interagir com as TICs. Daqui se depreende que é fundamental criar uma epistemologia sociológica de natureza virtual, sem esquecer que esta deve ser objeto de interdependência e de complementaridade com a epistemologia sociológica clássica.

No caso específico da ciência económica, persiste ainda uma epistemologia da economia real clássica que separa os espaços-tempo da produção, da distribuição, da troca e do consumo de bens e serviços de consumo corrente, quando hoje essa separação espaço-temporal não existe por via das contingências das TICs. Daqui decorre que a virtualização desse processo global implica a codificação e descodificação de informação e conhecimento científico do qual emergem conceitos e uma nova epistemologia, que devem alimentar o conteúdo das estruturas disciplinares das pós-graduações das universidades.

Exemplos dessas mudanças substanciais são observados nos processos de interação entre professores, alunos e funcionários, que são cada vez mais mediados pelo espaço-tempo virtual, transformando o conteúdo científico das estruturas curriculares. Digamos que desse processo emerge uma epistemologia, essencialmente, virtual, em que prevalece um comportamento humano cognitivo, emocional e energético pautado, pela autonomia, espontaneidade e informalidade. Sem querer modelar, definitivamente, esta modalidade epistemológica no campo das ciências sociais e humanas, há, no entanto, que extrair ilações teóricas e analíticas importantes.

Esta tendência que foquei na epistemologia não é menos importante quando aplicada à formação e à pesquisa persistente na pós-graduação. Na sua grande maioria, senão na quase totalidade, das universidades mundiais, persiste a tendência de que os mesmos alunos que frequentam os doutoramentos necessitam, imperativamente, de um tipo de formação superior imprescindível que não foi facultada na graduação e, inclusive, nos mestrados.

Cada programa se sente na exigência de dar um tipo de formação que cada aluno não possui. Neste sentido, o poder hierárquico do professor emerge, sendo que ele, no domínio da formação, aparece como o rei, apresentando-se sempre como o iluminado que sabe, enquanto o aluno não sabe. Neste contexto, o aluno é sempre uma entidade passiva sem a possibilidade de agir no sentido da criatividade e de uma aprendizagem baseada na liberdade e na autonomia.

Se no campo da formação impera a autoridade hierárquica formal, a divisão social do trabalho, um processo de tomada de decisão e um processo de liderança centrado na figura de onipresença e onisciência do professor, o mesmo não podemos inferir da natureza da pesquisa que persiste na pós-graduação das universidades.

A pesquisa que cada estudante de doutoramento é obrigado a percorrer, sem esquecer, em menor grau, com os alunos dos mestrados, é um caminho cheio de solidão e de silêncios. O estudante, na grande maioria dos casos, está só, entregue a interrogações infinitas sobre o melhor caminho a percorrer no sentido de procurar e definir a informação crucial, cujo conhecimento científico se coaduna com o padrão das teses de doutoramento exigidos pelas universidades.

No final, cada aluno ou a aluna tem que provar por "a mais b" que conseguiu atingir as bases da originalidade científica através da descoberta das causas e efeitos que são explicitados, analiticamente, pela pesquisa da sua tese.

Enquanto que na formação existe uma situação de copresença física, determinada pelo poder da autoridade hierárquica formal do professor, no caso da pesquisa, não obstante persistirem relações pontuais de orientação entre o professor e aluno, estas são muitas baseadas num abandono sistemático do orientador relativamente ao aluno.

Com a emergência da utilização das TICs na pós-graduação nas universidades, assiste-se a mudança brusca no sentido da funcionalidade e utilização da formação e da pesquisa mediatizadas por processos virtuais, no que podemos denominar de interação sistemática do ser humano com o hardware e o software das TICs. Pode-se perceber quão a presença ou ausência de relações sociais é manifesta, ao ponto de com a presença do vírus covid-19, as relações de sociais de diferentes tipos no espaço-tempo habitual da copresença física na pós-graduação, tenham sido praticamente extintas. Resultado, o mundo virtual das TICs apoderou-se da vida quotidiana dos professores, alunos e funcionários, e desde então tem sido difícil retornar ao esquemados tempos áureos da pesquisa e formação baseada na copresença física.

O mundo virtual veiculado pelas TICs continua a ganhar o seu espaço na formação e pesquisa das pós-formações nas universidades. Esse fato não invalida a força estruturante do mundo virtual veiculado pelas TICs. Pela facilitação de individualização comportamental induzida pelas hipóteses de interação da espécie humana com as TICs, estas permitem pelas razões que já invoquei, uma maior capacidade e possibilidade de autoformação e de auto-pesquisa que vão no sentido de maior potencialização do indivíduo como elemento criativo autônomo e livre de saber-fazer, de saber-ser e de saber-viver no contexto da formação e pesquisa das pós-graduações das universidades.

Nunca é demais pensar que nunca poderemos esquecer as virtudes da espécie humana real clássica que não precisava dos artefactos tecnológicos para ser gente que pensava, refletia e agia.

A pedagogia, por demais que possamos teorizá-la, sempre foi um elemento problematizado e acarinhado no seio das comunidades pré-escolares e em todos os níveis de ensino subsequentes. Muitas teorias e experiências foram e são ainda hoje realizadas a este respeito, mas com destaque, sobretudo, para aquelas que permeiam a estabilidade normativa do Estado e do mercado.

Houve muitas experiências diferentes, mas que foram uma tentativa original de liberar mentes, psiques e corpos que não se coadunam com as pressões impostas pelo dinheiro e pelo poder representados pelo Estado e pelo mercado. Todavia, se pensarmos nos dias de hoje, vamos encontrar os mesmos problemas pedagógicos ao nível primário, no ensino básico, secundário e superior ficamos perplexos perante esta realidade negativa.

Quando inserimos nossa análise sobre a pós-graduação nas universidades, encontramos os mesmos dilemas das relações e interações sociais pedagógicas, mediatizadas e incrustadas numa teia de aranha em que prevalece o dilema da autoridade hierárquica formal, a divisão social do trabalho, o processo de tomada de decisão e de liderança. Nestas condições não é possível construir diálogos comportamentais que envolvem identidade, comunicação, liberdade e afetividade, capazes de se traduzir numa pedagogia real em detrimento de uma pedagogia virtual, sem a presença do elemento humano.

Algumas hipóteses de considerações finais

Todos nós sabemos e eu que o diga, particularmente, que estamos numa fase histórica da espécie humana em que tudo é fácil de problematizar, mas ao mesmo tempo, estamos diante de grandes indefinições.

No caso específico das pós-graduações ministradas nas universidades, não deixa de ser fácil criticar a natureza atual das suas pesquisas e formações, sabendo que por omissão ou por legitimação estão em sintonia ou em harmonia com o estado atual do planeta Terra, ou em ligação estreita com a evolução da espécie humana pra uma função de genocídio das outras espécies animais e vegetais, ou até pela potenciação do comportamento humano, da sua estupidez, ignorânciação e bestialidade, corroborando para a sua própria extinção.

O mais grave, no meu entendimento, é que a pretensa superioridade da originalidade científica das pós-graduações que deveria promover a emancipação da espécie humana, possa, em termos concretos e efetivos, estar contribuindo para a sua extinção.

No caso presente, importa sobremaneira considerar a crise das pós-graduações das universidades em função do impacto que as Tecnologias de Informação e Comunicação têm nos modelos clássicos da formação, pesquisa e pedagogia, que serviam e servem de base para a recolha de informação e o desenvolvimento do conhecimento científico necessário para a realização das teses de doutoramento.

Com as contingências das TICs, todo esse aparato de pesquisa e formação é quase totalmente virtualizado, dando azo a que os doutorandos ou mestrandos usufruam de um espaço de manobra, de autonomia e liberdade criativa de elaboração das suas próprias teses, algo que jamais tinham sonhado.

Finalmente é necessário pensar que o dilema clássico do conhecimento científico *versus* o dilema virtual do conhecimento científico não é, necessariamente, isento de contradições e conflitos. Para esse efeito, basta lembrar que construir uma formação, realizar uma pesquisa ou enveredar por uma pedagogia com seres humanos em interação ou em relação mútuas, é algo bastante diferente de uma interação ou relação social mediatizada por um software ou qualquer hardware.

7

ENSINAR E ORIENTAR NA PÓS-GRADUAÇÃO
processos de formação docente para o mestrado e doutorado

Juliana Crespo Lopes

Para me credenciar no Mestrado em um Programa de Pós-Graduação nota 7 precisei, além de alguém da linha de pesquisa referendar minha candidatura, comprovar: (1) possuir título de doutorado, (2) ser professora de Instituição de Educação Superior (IES) pública, (3) ter anuência de meu chefe direto, (4) ter um projeto de pesquisa com aderência à Linha de Pesquisa desejada, e (5) alcançar determinada pontuação em produções bibliográficas nos últimos anos. Não precisei comprovar ser uma boa docente ou uma boa orientadora. Não precisei ter uma carta de recomendação de estudantes que orientei na graduação ou na pós-graduação lato sensu.

Sim, estou aqui fazendo uma provocação, mas também trazendo uma verdade: precisei de uma carta de recomendação de minha orientadora de doutorado quando concorri ao pós-doutorado. Muitas vezes usam-se cartas de recomendação para ingresso na pós-graduação e para empregos. Ora, se é importante que alguém chancele minha prática como pesquisadora ou como funcionária, o mesmo não deveria acontecer quando quero assumir uma função de professora e/ou orientadora?

Pretendo trazer nestas páginas reflexões, provocações e subsídios para que pensemos sobre a docência e a orientação principalmente na pós-graduação, mas também no contexto da graduação. Proponho uma compreensão mais ampla dos sujeitos e das ações envolvidas na formação científica de estudantes, bem como em nossa (ou pelo menos minha) própria construção como docentes e orientadoras(es).

Conhecimento técnico versus conhecimento pedagógico

Sou professora da área de Psicologia da Educação, o que significa que discutimos muito sobre como promover bons processos de construção de conhecimentos, boas relações entre docentes e discentes, etc. Por causa disso, frequentemente ouço em sala de aula reclamações e comentários sobre a falta de conhecimentos didático-pedagógicos por parte de docentes no ensino da graduação. A Lei de Diretrizes e Bases da Educação Nacional (Brasil, 1996), mesmo com suas atualizações mais recentes, mantém até o presente momento os seguintes dois artigos (com destaque meu):

Art. 65. A formação docente, **exceto para a educação superior**, incluirá prática de ensino de, no mínimo, trezentas horas.

Art. 66. A preparação para o exercício do magistério superior far-se-á em nível de pós-graduação, prioritariamente em programas de mestrado e doutorado.

Disso, percebe-se que a preocupação com a formação docente para a Educação Superior está mais focada em títulos (e, em teoria, aprofundamento de conhecimentos específicos) do que com habilidades pedagógicas. O percurso graduação - mestrado - doutorado não inclui obrigatoriamente disciplinas da área educacional. O que prevalece é o conhecimento na área específica, deixando implícita a errônea ideia de que dominar um assunto é suficiente para ensiná-lo. Ainda que os concursos para docentes incluam a prova didática, não há uma regulamentação geral que indique a obrigatoriedade dela. O que a lei que versa especificamente sobre o magistério na Educação Superior (Brasil, 2012) explicita é que o concurso público será de provas e títulos e que "poderá ser organizado em etapas", e deixa a cargo dos editais de abertura dispor a respeito.

Todas as pessoas que passaram pela experiência de uma graduação tiveram várias experiências negativas com docentes. Nem uma, nem duas, mas várias. Falo isso por experiência própria e pelos inúmeros comentários de corredor e mesmo em sala de aula (situação na qual eu sempre peço para que nomes não sejam mencionados). São pessoas que dominam um recorte muito específico do conhecimento, o que pode significar a dedicação de 10, 15 ou 20 anos ao estudo e à pesquisa. Se debruçar por um longo período sobre um assunto não significa ter conhecimentos pedagógicos para compartilhá-lo. Muito pelo contrário, a relação entre pesquisa e ensino é indiretamente proporcional (Hattie e Marsh, 1996). Esforços dedicados à pesquisa dificilmente rendem frutos à docência.

Cruz (2017) defende que, além do domínio do conteúdo não ser suficiente, é necessário ir além de métodos e técnicas, alcançando uma perspectiva mais ampla dos processos de ensinar e aprender. Pode soar estranho eu abrir um capítulo que promete falar sobre orientação na pós-graduação falando sobre lecionar na graduação. Mas são três as questões aqui:

1. A orientação com foco em pesquisa tem início na graduação, como a Iniciação Científica e os Trabalhos de Conclusão de Curso;

2. São poucas as possibilidades para profissionais se engajarem em produção científica sem estarem vinculados a universidades (Souza e colegas, 2020). Isso faz com que pesquisadoras(es) busquem à docência na Educação Superior mesmo sem ter interesse nesta atividade. Somada a isso, a priorização pela pesquisa, seja nos ranqueamentos para financiamento, seja nas competições internas, acaba por prejudicar ainda mais as atividades de ensino;

3. O que é orientar senão ensinar de forma mais direcionada? Estamos ensinando sobre como produzir conhecimentos e todos os passos que isso envolve. Porém, a falta de conhecimentos pedagógicos (que inclui os aspectos relacionais) pode comprometer a produção de conhecimentos específicos.

Aprender a ensinar

Quase não segui na escrita deste capítulo; me achei pouco apta. Apaguei trechos inteiros e passei dias sem conseguir produzir. Estou em um momento da vida em que me questiono se estou sendo uma boa professora e orientadora. É difícil porque um dos balizadores para nossas práticas são nossas vivências anteriores (Lee, 2008).

E não é porque uma experiência de orientanda e de discente de pós-graduação foi boa ou ruim para mim que minha escolha a partir disso seja benéfica para outras pessoas. Já aprendi há um bom tempo que eu não sou "todo mundo" e, mais recentemente, que eu não sou um bom parâmetro para estudantes, (ou docentes, aparentemente).

Sou bastante adepta da Educação Centrada em Estudantes (Lopes, 2020) e da construção de relações próximas à horizontalidade [bell hooks (2017) me ensinou que não tem como serem completamente horizontais e, depois de um baque inicial, fez muito sentido], com bastante autonomia de estudantes. Porém, isso tem sido muito difícil de se colocar em prática ultimamente, tanto na graduação quanto na pós. Não sei se é o perfil discente atual, se são reflexos da pandemia, se é o capitalismo neoliberal que nos esmaga cada vez mais... Só sei que não está sendo fácil e que algo precisa ser feito. Sim, estou usando estas páginas para um leve desabafo, mas penso que também é sobre isso: que docentes de pós-graduação se coloquem em um lugar de "não-certeza", de vulnerabilidade. Parecer ter todas as respostas significa, na verdade, não ter nenhuma. Isso porque as respostas são apenas da pessoa que as detém, não de um coletivo. Ou seja, não fazem sentido nas relações, não podem ser vivenciadas no mundo real.

No segundo evento "Construindo Outra Pós-Graduação 2024: mudanças necessárias para outros mundos", que aconteceu em maio de 2024 no Rio de Janeiro, defendi que a solução para melhores experiências de docência e orientação na pós-graduação estariam ligadas a oportunidades de formação pedagógica. Expus que seria importante tanto que docentes já credenciados em Programas de Pós-graduação (PPGs) tivessem cursos de formação continuada, quanto que fosse ofertada uma disciplina sobre docência e relações acadêmicas para estudantes de mestrado e doutorado.

Sobre a primeira ação, entendo que seria importante que o formato não fosse de um curso informativo e sim que houvesse cursos/oficinas/espaços de construção coletiva de possibilidades de curta duração. Nessas oportunidades, docentes poderiam refletir sobre suas práticas, trocar experiências e buscar soluções em conjunto. Mas, para isso, precisaríamos nos mostrar vulneráveis para colegas. Algo que acho extremamente difícil neste contexto de disputa por verbas e posições, rankings e egos.

Em 2018 eu fiz uma visita técnica na Universidade de Helsinki e lá observei algumas aulas frequentadas por estudantes de doutorado e docentes da instituição. Eram aulas para que essas pessoas aprendessem a promover uma Educação Centrada em Estudantes e uma dessas era especificamente sobre orientações na pós-graduação. Esse módulo tinha dois encontros presenciais, um no início e outro no final. No período entre eles, as pessoas que o cursavam deveriam observar sessões de orientação umas das outras e, depois, dar feedbacks. Não sei o quanto eu me sentiria à vontade para estar nestes lugares (tanto de observar quanto de ser observada), dependeria muito de quem fossem as pessoas que estariam ali comigo nesse processo de aprimoramento profissional – e, por que não, pessoal também. Nesse sentido, retomo o que já falei no parágrafo anterior: **precisamos construir um ambiente mais leve e colaborativo entre docentes de PPGs**. Veja que falei sobre o ambiente, porque não posso dizer que as relações são ruins. Acho muito muitas vezes elas nem se estabelecem de fato, para além da colaboração em grupos de pesquisa e produções.

A segunda ação seria sobre a formação pedagógica em PPGs. Além das iniciativas próprias de cada IES, que podem ser nulas ou pulverizadas, o pouco que temos de formação docente para a Educação Superior está nos estágios de docência (ED). Infelizmente, apesar de serem muito importantes e contribuírem para a formação acadêmica e pedagógica de estudantes de pós-graduação (Alves et. al., 2019), os ED são obrigatórios apenas para bolsistas CAPES. Para além disso, um ED pode ou não ser uma oportunidade de construir conhecimentos acerca dos processos de ensino e aprendizagem e todos os aspectos relacionais envolvidos, para além dos didáticos. Por vezes, estudantes de mestrado e doutorado atuam no ED como auxiliares de seus orientadores, executando atividades específicas, sem participar do planejamento de aulas ou ter espaços de orientação sobre elas (Ribeiro & Zanchet, 2015).

Rodrigues e colegas (2018) descreveram uma

experiência de Estágio de Docência que recebeu bons retornos, tanto por docentes quanto discentes no Instituto de Botânica de São Paulo. No PPG em questão, que não está ligado a uma Instituição de Educação Superior e sim a um Instituto de Pesquisa Científica, foi adotado um modelo que:

> se diferencia por possibilitar ao discente vivenciar a docência, uma vez que dá autonomia para seleção de conteúdo, estratégias de ensino e organização de atividades práticas e teóricas e, dessa forma, exercitar as diferentes vertentes que a prática docente exige. Essa autonomia gera um excelente engajamento nas atividades do ED, favorecendo a autoformação e estabelecendo uma dinâmica de interação e compartilhamento de saberes com seus pares e com os graduandos (2018, p. 598).

Diferente de outros PPGs nos quais estudantes apenas observam aulas ou atuam como auxiliares de docentes das disciplinas em questão - ou lecionam disciplinas inteiras sozinhas(os) -, aqui foi possível que eles se envolvessem e recebessem supervisão em todo o processo pedagógico. Ainda assim, na mesma pesquisa, estudantes sugeriram algumas melhorias no ED como maior tempo nas atividades didáticas, mais disciplinas sobre prática de ensino e um retorno mais detalhado da supervisão de estágio. É curioso que, ao mesmo tempo em que a ação do estágio de docência é uma prática que visa melhorar a docência e a orientação a longo prazo (pensando que muitas pessoas que estão cursando uma pós-graduação stricto sensu têm por objetivo a vida acadêmica), ela acaba também indicando uma deficiência atual das práticas de orientação. Não apenas existem docentes que não orientam a escrita de dissertações e teses, como também não há orientação sobre as práticas pedagógicas exercidas em estágios de docência.

Deixo um convite à reflexão sobre as duas ações que propus no evento (curso para docentes e espaços formativos para discentes sobre docentes) e trago à tona uma terceira ação, que me veio justamente em meu atual processo de um olhar para mim e minhas próprias práticas. Não chega a se configurar enquanto uma tentativa de olhar etnográfico nem uma pesquisa-ação em educação, mas quero aproveitar este momento de meu olhar para a Educação Superior contaminado com um pouco de frustração porque acho que ele pode contribuir para essa construção, por ser parte da vida real.

Bem, tenho tentado chegar a algumas aberturas/fissuras/rachaduras (em oposição a conclusões) para começar a entender e poder desenhar um plano de ação que faça mais sentido na Educação Superior e, especialmente, nos espaços de orientação. Uma questão que tem passado bastante pelas minhas ideias é sobre estudantes aprenderem a aprender, aprenderem a participar de um processo de construção de conhecimentos a partir de orientações. Se quero me distanciar de processos de violência epistêmica simbólica (Fanon, 1979) e exercícios hierárquicos de poder na Educação Superior (Grosfoguel, 2016) e me aproximar de práticas educacionais decoloniais e centradas em estudantes (Maldonado-Torres, 2007; Lopes, Insfrán & Pulino, 2020), não faz sentido que eu imponha tais práticas para estudantes e orientandas(os), correto?

Recentemente participei de uma atividade não acadêmica que envolvia a construção de conhecimentos sobre a cidade. As duas pessoas que mediaram a ação adotaram práticas pedagógicas com as quais eu não estava acostumada ou confortável. Fiquei pensando em que medida isso não acontece com pessoas que estão sob minha supervisão/orientação, ou em salas de aula de graduação e de pós nas quais atuo como docente. Essas pessoas precisam ter a oportunidade de aprender a aprender comigo, de aprender a serem orientadas por mim.

Aprender a orientar na pós-graduação

Costumo perguntar, no primeiro dia de aula de cursos de licenciatura, sobre como as pessoas aprendem e como elas ensinam. O objetivo deste questionamento inicial é, de um lado, promover uma reflexão sobre como elas se percebem implicadas nesses processos educacionais formais e não formais e, de outro, me dar subsídios para elaborar as aulas. Porém, não faço isso de forma sistematizada com pessoas que oriento (seja em Iniciação Científica e Trabalho de Conclusão de Curso na graduação, seja com as pessoas que oriento no PPG que atuo).

Entendendo a importância de que todas as pessoas se impliquem de forma ativa em qualquer processo educacional, **é fundamental que o diálogo sobre práticas de orientação seja uma ação realizada ainda na primeira reunião, juntamente com as apresentações.** Se é importante que a estudante saiba minha trajetória acadêmica, meus temas de pesquisa e minha sugestões sobre o encaminhamento da pesquisa, é igualmente importante que ela seja objetivamente informada sobre a forma que oriento. Seguindo o raciocínio, **além de saber quem é a pessoa que irei orientar e as percepções que ela tem sobre sua temática de interesse, preciso saber quais experiências prévias ela teve com orientações, quais suas dificuldades e quais os caminhos que indica que funcionam melhor para ela.**

Creio que eu já faça isso, mas não de forma sistematizada, organizada e objetivamente posta. Nessa rachadura que abri e estou tateando em minhas próprias estruturas de orientação, estou pensando em fazer algo semelhante a um contrato. **Um termo de orientação, com um planejamento, cronograma e expectativas (de ambos os lados) expostas.** Não que o planejamento e o cronograma (ou as expectativas) sejam inertes, porque não o são. Mas percebo que muitas coisas ficam no campo do implícito e de um "óbvio" que só o é para aquela pessoa que o pensa.

Nessa conversa inicial – e no termo – seria importante falar sobre as dificuldades e incômodos que tanto quem orienta como quem está sob orientação têm. Abordar também os desejos porque, afinal, são eles que nos movem. Nessa conversa já seria possível dar um grande passo relacional: mostrar que também se é humano, na fragilidade e na potência. Passamos então a ser dois humanos, dois seres epistêmicos, elaborando um caminho conjunto, de apoio, respeito e admiração para se construir conhecimentos.

Ensinar a aprender/ a estar em processo de orientação

Quem é essa pessoa que está sendo orientada? Quais as suas vivências prévias? Quais habilidades ela precisa desenvolver para estar nessa relação de orientação? Escrevo estas linhas em 2024, quando ainda vivenciamos efeitos da pandemia da Covid-19 em diferentes espaços educacionais. Exemplos destes efeitos são as dificuldades em manter atenção sustentada, as questões de saúde mental e a defasagem de conhecimentos curriculares (escolares e universitários) devido a experiências pedagógicas remotas que não conseguiram contemplar as demandas de aprendizagem (Bof & Moraes, 2022; Dias & Ramos, 2022; Corrêa et. al., 2022).

Somado a isso, temos o dado de que estudantes universitários que tiveram aulas na modalidade remota emergencial por mais de dois semestres demonstram menor engajamento com as aulas presenciais no retorno, principalmente em relação à dedicação aos estudos (Nardin, 2023). Esse é um dado importante e que nos ajuda a entender o comportamento de estudantes de graduação e de pós-graduação. Não é incomum encontrar estudantes que não participam de aulas e não demonstram interesse pelos assuntos tratados. Há também uma dificuldade em cumprir prazos e, por vezes, comportamentos de evitação em responder e-mails, mensagens e participar de reuniões. Entendo que é natural do ser humano evitar tarefas difíceis ou desagradáveis. Da mesma forma, estamos vivendo um momento de extremo cansaço, com overdose de demandas e bastante sofrimento psíquico relacionado a isso. Ainda assim (ou talvez justamente por isso), percebo que estudantes de graduação, de mestrado e de doutorado precisam estar alinhadas(os) com suas(seus) orientadoras(es).

A relação entre quem orienta e quem recebe a orientação precisa ser saudável e de respeito, em ambos os lados. Nevgi, Mälkki e Sandström (2020) chamam a orientação centrada em estudantes de "relação íntima". De início, quando fiz a tradução deste capítulo do inglês para o português fiquei buscando uma palavra melhor para descrever essa noção de "íntima". Porém, entendi que essa era a melhor palavra, uma vez que existem emoções, afetos, responsabilidades e cuidados envolvidos neste processo que apenas uma relação íntima pode alcançar. Obviamente não estou falando aqui de qualquer relação com conotação afetiva-sexual, são relações de afeto a partir da compreensão de bell hooks (2017).

Retomando a produção de Nevgi, Mälkki e Sandström, transcrevo seis pontos salientados a respeito dos desafios para/na relação de orientação, como foco no doutorado:

- O orientador assume a responsabilidade de verificar com o orientando que a relação é produtiva para ele - tanto em situações desafiadoras quanto outras sem um sério desafio sendo apresentado?
- O doutorando tem domínio sobre o processo de sua própria tese e o orientador colabora de maneiras construtivas?
- O orientador conhece bem seus orientandos e suas formas de trabalho; por exemplo, sabe quando exemplos de sua própria prática são relevantes para um estudante?
- O doutorando pode decidir sobre quais perspectivas utilizar na tese, mesmo quando existem pressões do orientador para que sejam incluídas questões menos relevantes?
- Mesmo quando a pesquisa do orientando supera ou questiona as ideias do orientador, existe apoio?
- O orientador percebe quando é o orientando, e não a tese, quem precisa de apoio e incentivo? (2020, p. 182).

Os questionamentos apresentados resumem

aspectos anteriores justamente porque se trata de uma relação de orientação. Assim, docentes e discentes precisam desenvolver habilidades acadêmicas, interpessoais e pessoais para que as orientações possam ser experiências positivas. Do ponto de vista educacional, entendo que – pelo menos neste momento – cabe a nós, docentes e orientadoras(es) fomentar o desenvolvimento de discentes neste sentido. Pode não ser o ideal, afinal sempre queremos que estudantes cheguem até nós "prontas(os)", disponíveis e produtivas(os). Porém, se penso tanto na dimensão pedagógica, para além do conhecimento especializado, preciso colaborar na promoção do desenvolvimento de estudantes que oriento, para além de contribuir apenas para a produção de um conhecimento específico.

Finalizo este capítulo reconhecendo que o "tornar-se" do título tem uma conotação bastante pessoal e que isso transparece aqui. Iniciei minha proposta, ao submeter o trabalho para o evento que tem este livro como um dos produtos, de forma bastante prática e objetiva, trazendo uma reflexão e sugerindo algumas ações. Seguirei buscando colocar tais ações em prática, inclusive amanhã darei início a uma disciplina sobre Educação Superior para estudantes de mestrado e doutorado. Porém, foi a partir do incômodo com aquilo que não é facilmente tangível, observável e sentido que as ideias foram encontrando caminhos através das rachaduras.

Quero deixar explícito que os caminhos que proponho nestas páginas são caminhos para eu seguir. Aquelas pessoas que queiram se juntar à minha caminhada, total ou parcialmente, estão convidadas não apenas a seguir meus passos como, principalmente, a compartilhar comigo seus achados (bem como os perdidos, porque não podemos ignorar os incômodos!). Se defendo que é na construção coletiva que deve acontecer a formação continuada docente, vou um passo a mais e sugiro que isso aconteça de maneira forma (inter)institucional, e também de maneira informal, entre aquelas pessoas que se afetam. Abro aqui um espaço de diálogo e de real construção coletiva sobre a docência e a orientação na Educação Superior.

Referências

Alves, L. R., Giacomini, M. A., Teixeira, V. M., Henriques, S. H., & Chaves, L. D. P. (2019). Reflections on graduate professor training. Escola Anna Nery, 23(3), e20180366. https://doi.org/10.1590/2177-9465-EAN-2018-0366

Bof, A. & Moraes, G. (2022). Impactos da pandemia no aprendizado dos estudantes brasileiros: desigualdades e desafios. Cadernos de Estudos e Pesquisas em Políticas Educacionais, 7, 277 – 306. https://doi.org/10.24109/9786558010630.ceppe.v7.5586

Brasil (1996). Lei nº 9.394 de 20 de dezembro de 1991. Estabelece as Diretrizes e Bases da Educação Nacional. http://portal.mec.gov.br/seesp/arquivos/pdf/lei9394_ldbn1.pdf

Brasil (2012). Lei nº 12.711, de 29 de Agosto de 2012. Dispõe sobre o ingresso nas universidades federais e nas instituições federais de ensino técnico de nível médio e dá outras providências. https://www.planalto.gov.br/ccivil_03/_ato2011-2014/2012/lei/l12711.htm

Corrêa, R., Castro, H., Ferreira, R., Araújo-Jorge, T. & Stephens, P. (2022). The perceptions of Brazilian postgraduate students about the impact of COVID-19 on their well-being and academic performance. International Journal of Educational Research Open, 3, 100185. https://doi.org/10.1016/j.ijedro.2022.100185

Cruz, G. (2017). Didática e docência no ensino superior. Revista Brasileira De Estudos Pedagógicos, 98(250), 672–689. https://doi.org/10.24109/2176-6681.rbep.98i250.2931

Dias, É., & Ramos, M. N. (2022). A Educação e os impactos da Covid-19 nas aprendizagens escolares. Ensaio: Avaliação e Políticas Públicas em Educação, 30(117), 859–870. https://doi.org/10.1590/S0104-40362022004000001

Fanon, F. (1979) Os condenados da terra. Civilização

Brasileira.

Grosfoguel, R. (2016). A estrutura do conhecimento nas universidades ocidentalizadas: racismo/sexismo epistêmico e os quatro genocídios/epistemicídios do longo século XVI. Sociedade e Estado, 31(1), 25-49. https://doi.org/10.1590/S0102-69922016000100003

Hattie, J. & Marsh, H. W. (1996). The Relationship between Research and Teaching: A Meta-Analysis. Review of Educational Research, 66(4), 507-542. https://doi.org/10.2307/1170652

hooks, b. (2017). Ensinando a transgredir: A educação como prática de liberdade. Martins Fontes.

Lee, A. (2008). How Are Doctoral Students Supervised? Concepts of Doctoral Research Supervision. Studies in Higher Education, 33(3), 267-281. https://doi.org/10.1080/03075070802049202

Lopes, J. (2020). Educação centrada em estudantes de licenciaturas: um processo de tornar-se docente. [Tese de doutorado] Universidade de Brasília. http://repositorio.unb.br/handle/10482/38928

Lopes, J., Insfran, F., & Pulino, L. H. (2020). Práticas decoloniais em educação a partir de uma educação centrada em estudantes. EccoS – Revista Científica, (54), e17029. https://doi.org/10.5585/eccos.n54.17029

Maldonado-Torres, N. (2007). On the Coloniality of Being: Contributions to the Development of a Concept. Cultural Studies, 21 (2-3), 240–270. https://doi.org/10.1080/09502380601162548

Nardin, T. (2023). Engajamento do estudante: um estudo exploratório no contexto do Ensino Superior. Dissertação (mestrado) - Universidade Estadual de Campinas, Faculdade de Educação, Campinas, SP. https://hdl.handle.net/20.500.12733/12360

Nevgi, A., Mälkki, K., & Sandström, N. (2020). Estar em uma relação íntima: orientação centrada em estudantes e ferramentas conceituais para refletir sobre as emoções liminares e as práticas de orientação. In: F. Insfran & J. Lopes (Eds.), Educação Centrada em Estudantes: práticas e conversações (pp.161-188). Curitiba: CRV.

Ribeiro, G.M. & Zanchet, B.M.B.A. 2015. Estágio de Docência: possibilidades e limites na formação de professores universitários. Currículo sem Fronteiras 15: 508-526. https://www.curriculosemfronteiras.org/vol15iss2articles/ribeiro-zanchet.pdf

Rodrigues, R. S., Jerônimo, G. H., Almeida, P. D., Motato-Vasquez, V., & Cerati, T. M. (2018). O Estágio de Docência na formação dos pós-graduandos do Instituto de Botânica, SP, Brasil. Hoehnea, 45(4), 591–601. https://doi.org/10.1590/2236-8906-76/2017

Souza, D. L., Zambalde, A. L., Mesquita, D. L., Souza, T. A. & Silva, N. L. C. (2020). A perspectiva dos pesquisadores sobre os desafios da pesquisa no Brasil. Educação e Pesquisa, 46, e221628. https://doi.org/10.1590/S1678-4634202046221628

Maira Monteiro Fróes

DEMANDAS DE UMA PÓS-GRADUAÇÃO NAS INTERFACES

8

Conhecimento e educação nas interfaces

Mais que em qualquer tempo, qualquer sistema formativo hoje deve mirar o favorecimento dos pré-requisitos para a capacidade criativa, inventiva, adaptada, afinada e antenada com as premências contemporâneas. Urge tratarmos do humano integrado às suas sociedades, seus muitos mundos, numa matriz de valores que priorizem o bem indiscriminado. A sustentabilidade das criações humanas no globo requer o desenvolvimento de uma autoconsciência enquanto ser integrado e dependente de suas ordens funcionais, naturais, e integrado no mundo. Estas devem ser premissas missionárias em ciência, sofisticadas nos níveis compatíveis com uma pós-graduação *stricto sensu* sintonizada com as urgências atuais.

Em tempos de economia do conhecimento, a produção de coisas dá lugar à produção de conhecimentos e informação, símbolos antecipam máquinas, artefatos conceituais inspiram e conferem valor a objetos físicos (Drucker, 1993). Trabalho e capital colocam-se a reboque de um complexo sistema de conhecimento criativo, capaz de intervir e transformar o planeta e as sociedades humanas. Revisita-se e redefine-se o termo inovação para abarcar a aplicação econômica dos inventos que pode representar uma flagrante ruptura com a natureza de produtos, serviços ou processos vigentes, ou uma nova ideia de aplicação incremental, ainda que inovadora, a produtos e processos já em curso (Dodgson; Gann, 2010).

A produção de novas ideias leva ao aprimoramento da ciência, de seus esquemas interpretativos de mundo, por um lado, e de nossas práticas formativas que precisam contemplar com mais humanidade as sociedades humanas (Powell; Snellman, 2004). A relação com o conhecimento se transforma: seus velhos pressupostos de completude e estabilidade cedem lugar à certeza de que o conhecimento é em verdade plural, abarcando em sua acepção mais expandida, epistemologias não científicas, reconhecidas nos conhecimentos (saberes) de povos originários, por exemplo, e que podem lançar luz à ciência. A natureza do conhecimento humano estabelecido, didaticamente tornada estática, vem desafiando os velhos sistemas metodológicos de formação, para, aos poucos, apresentar-se em seu caráter dinâmico e continuamente transformado por processos investigativos criativos.

Ainda que reconhecendo a existência de múltiplas visões inter/transdisciplinares que contribuem para o alargamento dos horizontes da experiência humana no mundo, incluindo práticas sociais alternativas, a construção de conhecimento contemplada pelo campo da Educação no Brasil, em especial, os cursos de programas de pós-graduação *stricto sensu* (Mestrados e Doutorados), se estabelecem, predominantemente, pelo atendimento a princípios norteadores disciplinares. Esta prevalência hegemônica molda os critérios de excelência dos programas e de seus cursos, refletindo-se na definição de pré-requisitos de qualidade avaliados pela agência reguladora brasileira, a Coordenação de Aperfeiçoamento de Pessoal de Nível Superior, a CAPES.

É indisputável o lugar da educação como sistema estratégico e axial, por excelência, para introdução do humano ao conhecimento, classificado numa multiplicidade de disciplinas. Gibbons e colaboradores (1994) referem-se, coerentemente, aos roteiros reducionistas a partir dos quais conhecimento e educação seguem perfilados a concepções lineares, estreitas e cumulativas de causa e efeito, para os quais a visão sistêmica é raramente transposta para orientações e pedagogias teórico-práticas, e investigativas pluriepistêmicas.

Sistemas inter/transdisciplinares de formação carecem e se caracterizam por ruído, pela fricção de conceitos e processos funcionais, nos quais predomina a organização heterárquica e enredada de conteúdos. A improvisação, o diálogo que se faz nas interfaces e para além dos campos disciplinares, instrumentalizam para a necessária superação das limitações impostas pelas epistemes, apontando caminhos para a migração ou reformulação adaptativa de velhos conceitos, e/ou suas reconceptualizações. Para tanto, dá-se lugar de prioridade estratégica às possibilidades interfaciais, mediante a troca desarmada, colaborativa e curiosa entre pesquisadores de campos diversos, e à busca ativa por equivalentes transepistêmicos capazes de atravessar as blindagens disciplinares, alcançando-se um consenso ou uma intersecção epistemológica consentida entre os diferentes especialistas, e/ou diferentes especialidades.

Neste contexto de conquistas, recursos e possibilidades de um mundo que passa por aceleradíssimas transformações e pressões por mais transformação, a pós-graduação precisa ser ressignificada como sistema de formação de profissionais capacitados para viver e promover mudanças. Uma economia impulsionada pelo poder da ideia, uma economia de inovação, é, por exemplo, hoje adotada enquanto conceito chave para o desenvolvimento estratégico de empreendimentos e países, essencialmente alimentada pela criatividade humana (Sawyer, 2006; Mota; Scott, 2014). O reconhecimento, no entanto, de que a ciência, e suas aplicações técnicas e/ou tecnológicas, é produzida a partir da criatividade, mas também exerce recursivamente papel instrumentalizador da própria criatividade, confere centralidade e organicidade à tríade educação-ciência-criação (Childs et al., 2006). Este caráter recursivo da tecnologia sobre a criatividade lança um holofote para o papel da educação como sistema capaz de oportunizar, disparar e endereçar estes talentos, sobretudo quando considerado o período da juventude em que a neuroplasticidade e o desenvolvimento cognitivo-afetivo-neurobiológico do humano são acentuados (Blakemore; Frith, 2005) e permeiam a experiência dos jovens pós-graduandos.

Pós-Graduação nas interfaces

Defendo que uma pós-graduação interdisciplinar, nas interfaces, alinha-se às demandas contemporâneas por novos modelos, processos e práticas voltadas para uma educação onde a universidade figure não somente como um repositório de conhecimentos, mas também como um sistema gerador de novos conhecimentos, entre estes, novas soluções tecnológicas para os desafios sociais, ambientais, econômicos, civilizatórios, contemporâneos. Conceber modelos interpretativos de mundo combinando perspectivas plurais sobre o mundo é central para o conhecimento científico contemporâneo, sendo consequência óbvia da natureza essencialmente complexa dos sistemas naturais e dos sistemas artificiais que exercem efeitos sobre-humanos e suas sociedades. A reflexão em bases pluriepistêmicas, interdisciplinares, é agente potencial para impulsionar a aquisição, em espirais de desenvolvimento, do pensamento aplicado à ciência, ao humano, e a seus muitos mundos.

Um programa de pós-graduação interdisciplinar deve abraçar, por conseguinte, módulos pedagógicos nucleadores corporificados como acervo de disciplinas plurais, em constante atualização, e renovação. Deve estimular ampla e enfaticamente conexões transepistêmicas, i.e., conexões que não se limitem às epistemes disciplinares que estão sendo combinadas, promovendo fóruns, encontros, congressos, e outros eventos de aproximação entre instituições de diferentes campos científicos e culturais. Além disso, deve conjugar articuladamente em suas pesquisas, suas disciplinas, e em seus repertórios de perfis acadêmicos docente e discente, os campos distantes de conhecimento, a exemplo de arte e ciência, ciências da vida e humanidades etc. Deve explorar a comunicação entre todos os segmentos da formação do humano, da graduação à pós-graduação, e desta junto ao Ensino Básico, determinando uma multiplicidade de atuações preparatórias que os permitam incidir positivamente uns nos outros. Abrir caminhos diversificados aos multiplicadores de uma escola sistêmica e complexa de pensamento e conhecimento humano, deve ser um compromisso das pós-graduações interdisciplinares. Estas atuações, estes marcos de funcionamento e produção carecem, das agências reguladoras dos Programas de Pós-graduação do Brasil, seu devido lugar de reconhecimento, devendo entrar no escopo dos critérios de avaliação de nossos cursos interdisciplinares, como indicadores de alto valor.

Compromissos nas interfaces epistêmicas

Considero compromissos nucleares de atuação de um programa de pós-graduação interdisciplinar a atenção aos sujeitos, docentes e discentes, sua valorização em seus recursos e exercícios de pensamento criativo, abstrato, intuitivo, o estímulo, portanto, a iniciativas pouco valorizadas pelos algoritmos de avaliação correntes na CAPES, pois não figuram com o grau de importância estratégica para a pesquisa disciplinar como o fazem para a interdisciplinar. Encontram-se à margem dos critérios de produção de excelência adotados para cursos disciplinares, e assim foram também transpostos para os não hegemônicos, marginais, cursos interdisciplinares.

No bojo das missões de interface dos programas interdisciplinares de pós-graduação especificamente voltadas aos estudantes, destaco:

- Estímulo à confiança dos estudantes, em si mesmos, em seus eixos identitários e enraizamentos culturais como alicerces de força e talentos diversos, jamais como embarreiramentos;
- Estímulo ao reconhecimento e ao desenvolvimento de valores humanizadores universais, não só respeitando, mas acolhendo estrategicamente a diversidade;
- Estímulo ao reconhecimento da condição do humano enquanto natureza, e de sua implicação enquanto agente do bem-ser e do bem-estar; da segurança sócio-ambiental, e da sustentabilidade de sua espécie e de suas criações no planeta;
- Estímulo à curiosidade e à leitura inquiridora/investigativa voltada para o humano e para seu universo de ciências, tecnologias e saberes;
- Estímulo ao encantamento pelo aprendizado, pelas descobertas e pelas possibilidades

criativas na formulação de modelos interpretativos e metodológico-experimentais aplicados à ciência;

- Estímulo ao encantamento dos estudantes pela diversidade de perspectivas científicas;
- Estímulo à confiança na capacidade imaginativa e inventiva, para além das balizas disciplinares;
- Estímulo ao prazer, à valorização e à confiança no aprendizado, nas produções e nas criações, individualmente e em regime colaborativo;
- Estímulo à capacitação de estudantes à busca ativa do conhecimento, seja no passado ou presente, em culturas diversas, em escalas que não se limitem ao local, ou mesmo ao país, mas possam alçar vôos internacionais e multiculturais;
- Estímulo à diversidade, ao improviso balizado, e à atualização dinâmica dos recursos técnicos e tecnológicos acessíveis à prática e concepção da ciência contemporânea, em todos os seus campos;
- Inclusão social, inclusão de pessoas com deficiência;
- Estímulo à criação de soluções para os desafios e urgências do humano, suas sociedades, e do planeta que nos integra.
- Estímulo aos valores em geral rejeitados da ciência, como afeto, imaginação, livres associações, processos intuitivos, reconhecendo-os como catalisadores do diálogo interpessoal, das costuras inter epistêmicas, e da necessária criatividade, pilares para a problematização interdisciplinar (FRÓES, 2016).

Alicerces pedagógicos nas interfaces

A proposta de uma pós-graduação nas interfaces e, interdisciplinar, por conseguinte, deve expressar e materializar um diferencial na formação de mestres e doutores, de profissionais cidadãos capacitados para viver e promover mudanças em diversas dimensões da vida humana, em sua relação com a produção de conhecimento por meio da potência criativa, inovadora e crítica favorecidas pela educação, pelo próprio conhecimento e pelas tecnologias. Para tanto, o programa e seus cursos devem comprometer-se com disciplinas, pesquisas e ações planejadas, elaboradas e executadas atendendo aos objetivos e metas interdisciplinares antenadas com os impositivos de complexidade dos grandes desafios que ameaçam a humanidade e o planeta como o conhecemos.

Um programa de pós-graduação interdisciplinar deve estar pronto a enfrentar os riscos por desviar-se dos trilhos *mainstream* da ciência hegemônica. Deve dispor-se a romper com padrões que, a despeito de velhos, não estão ultrapassados, mas ainda vigentes, e que predominam nas IES, baseados na economia e lógica organizacional industrial que caracterizaram a primeira revolução industrial.

Enquanto eixos funcionais, destacam-se Inter/transdisciplinaridade enquanto cerne de apresentação, consolidação e desenvolvimento de conteúdo, e como operador metodológico. A solução de problemas deve partir das necessidades do humano, evocando os disparadores afetivos dos estudantes, fomentando análise crítica a partir de diferentes campos disciplinares, associando-as, buscando diferentes perspectivas. Assim desenvolvidas, pesquisa e produção melhor contemplariam suas diferentes faces complementares, elaborando o novo, ainda que seguindo a necessária ordenação sistemática, metodológica e científica.

O processo de pesquisar deve ser, por conseguinte, associativo, integrativo, diversificado, colaborativo, em equipes nas quais o desenvolvimento conjunto partir de diferentes zonas de conforto possa efetivamente contribuir para os deslocamentos dos estudantes envolvidos de suas respectivas zonas de conforto disciplinares, assim conformando oportunidades de formulação criativas não competitivas, mas colaborativas. A familiaridade e incentivo às associações heterárquicas de conteúdos, processos de aprendizado e formulação criativa a partir de conteúdos disciplinares, enfraquecem o impositivo dos vícios disciplinares, epistêmicos, canônicos, favorecendo novas produções de sentido e associações conceito-forma-função. Em lugar do reducionismo tradicional, passam a predominar abordagens sinópticas, sistêmicas.

A acessibilidade e a inclusão precisam também ser observadas, em pelo menos três frentes, que incluem abordagens teóricas e problematização a partir de vulnerabilidades e necessidades especiais, o estímulo ao pensamento criativo a partir de motivações de ordem assistiva e inclusiva, e o compromisso com a adequação de espaços e o emprego de técnicas e tecnologias de inclusão e acessibilidade que preparem o Programa, seus professores e seus estudantes para a participação de Pessoas com Deficiência. A sustentabilidade aplicada é outro eixo funcional que deve ser considerado pilar enquanto conceito e referência para formação e atuação criativa, pois entendendo o humano na inteireza do mundo, e não como peça deste dissociável. As disciplinas e atividades formativas que integram o programa precisam ser cuidadosamente formuladas, de maneira a garantir que conteúdos, metas específicas e padrões de roteirização não estejam engessados, mas contem com uma dinâmica de atualização, cujos graus de liberdade, autonomia regulada, e abertura à improvisação por professores, estabeleçam-se de forma coerente com a liberdade controlada também estimulada junto aos estudantes. O favorecimento do pensamento criativo está previsto nesta proposição a partir de associações interdisciplinares. Ao romper com as balizes epistêmicas próprias a cada campo de conhecimento especializado, instala-se um ambiente pluriepistêmico, que provê acesso não só a conteúdos, como a sistemas metodológicos diversos, inspirando a criação de novos sistemas de investigação, e de possibilidades criativas. Nesta ruptura, as próprias experiências biográficas, empíricas dos estudantes e de suas vivências nos circuitos sociais que lhes são próprios devem ser aproveitadas.

O favorecimento do pensamento renovador, colaborativo, crítico e criativo, o co-desenvolvimento e transferência de expertises, a cultura com implicações no âmbito da ciência a partir também de conexões interinstitucionais no Brasil, e internacionais, formam um caldo necessário, fertilizador, para que estudantes e professores se associem, estabelecendo relações em que o sentimento de parceria supere os cerceamentos da hierarquia acadêmica. No mesmo fio de coerência, também a relação dos atores e programas de formação e pesquisa estabelecidos entre as diferentes e heterogêneas regionalidades brasileiras, e entre nós e instâncias internacionais, sejam estas representantes do sul ou do norte global. A comunicação telemática deve estar disponível, acessível, aberta como indispensável canal de intercâmbio conveniado de professores e estudantes, entre outros recursos complementares.

Não menos importante, considerado o acréscimo de complexidade de conteúdo e os desafios do lidar com as interfaces entre os campos disciplinares estabelecidos, uma pós-graduação interdisciplinar deve estar pedagogicamente preparada com recursos para fortalecer a resiliência dos estudantes diante de insucessos, ajudando-os a abrir-se com naturalidade à crítica, a re-visualizar e re-conceber caminhos de pesquisa, a re-imaginar e re-formular. Neste sentido, os estudantes devem ser capacitados, individualmente e/ou em redes colaborativas, a experimentar, sem constrangimentos intelectuais, as conexões com outros perfis formativos, atravessar as barreiras disciplinares com leveza, a interagir com profissionais de outros campos compreendendo que podem tanto acrescentar quanto aprender. Especialmente relevante se torna a problematização de objetos de pesquisa, especialmente, no exercício de identificações de semelhanças e diferenças entre objetos aparentemente equivalentes, vislumbrados a partir de epistemes distintas. A consequência previsível deste treinamento é o amplo desenvolvimento da cognição e da ação criativa em diversas frentes coordenadas entre si: ensaios teóricos, exercícios de associação estético-afetiva de estudantes e sistemas tecnológicos, disponibilização de dispositivos, meios/processos técnicos, ambiência e situações deliberadamente imersivas. O modo divergente de pensamento, a partir do qual as livres associações entre conceitos e objetos são favorecidas, a formação de grupos de estudantes, ora fixos, ora intercambiáveis ou frouxos, a plasticidade, flexibilizariam, em escalas tanto individual quanto coletiva, o pensamento embarcado nos processos formativos e criativos.

A possibilidade de transferência social a partir de uma cultura para ciência inter/transdisciplinar, em lugar de uma cultura para ciência disciplinar, em que seus indivíduos e ou equipes possam, espontânea ou intencionalmente, atuar como multiplicadores, nos permite prever uma desejável expansão das instâncias organizacionais beneficiadas, e seus efeitos. A ênfase no trabalho em redes colaborativas já representa passo alicerçal neste sentido.

O estabelecimento destes alicerces pedagógicos formativos tem consequências para o acervo de produções de um programa de pós-graduação interdisciplinar. Não poderá se dar sem que haja uma profunda e coerente reformulação do acervo de quesitos de avaliação qualitativa dos programas interdisciplinares por nossos organismos de regulação no Brasil, em especial, pela CAPES. O devido lugar de importância precisa ser garantido para estas pedagogias da contemporaneidade, sem o que continuaremos a invisibilizar o pensamento, as produções, e o impacto da formação interdisciplinar em tempos que dependemos como nunca de soluções associativas, complexas, criativas.

Considerações Finais

Considero que importantes premissas para organização e implementação de espaços dialógicos para a problematização da ciência inter/transdisciplinar encontram-se invisibilizadas pelos sistemas de apoio à pós-graduação e pesquisa no Brasil.

As realizações das pesquisas abarcadas em programas interdisciplinares dependem de novas metodologias e de epistemes de interface que permitam a combinação entre áreas e, frequentemente, grandes áreas de conhecimento. Enfatizando, mas sem necessariamente encerrar-se no conhecimento científico, as complexidades epistemológicas envolvidas vão de demandas por diagnóstico de equivalências conceituais, eventualmente ontológicas, entre nichos epistêmicos distintos, e/ou de possibilidades de migração conceitual nas interfaces, à criação de objetos conceituais novos para os campos disciplinares em diálogo, que deem conta da necessária combinação das epistemes nas interfaces.

A pesquisa interdisciplinar ocupa o posto de recurso científico de urgência diante do esgotamento evidente dos paradigmas atuais, e hegemônicos no chamado "norte global", da ciência contemporânea. Portanto, a pós-graduação, representada por seus cursos, seus pesquisadores, e agências reguladoras, precisa abrir-se à facilitação, estímulo e reconhecimento da importância da ciência e da formação científica interdisciplinar, de alta complexidade. Sua validação à altura, em lugar de excelência, ao invés de confinada à generosidade dos espaços "alternativos", pela comunidade científica, é o que nos permitirá amadurecer sua contribuição para que possa produzir os desejáveis efeitos positivos em toda a rede, pluriepistêmica, de conhecimento e de poder social, contra as ameaças ao humano, à humanidade e ao planeta, frente às quais hoje estamos instados, simplesmente, a tentar sobreviver.

Urge que a pós-graduação interdisciplinar no Brasil seja percebida, problematizada e valorada dentro de uma nova moldura de critérios qualificadores, especialmente considerados no exercício avaliativo de nossas agências de fomento, representadas, em nível nacional, pela CAPES. Por outro lado, entendemos que os próprios programas e seus respectivos cursos de pós-graduação demandam reflexões profundas do que implica, em níveis de missão, pedagogias, metodologias, e pesquisas, o selo interdisciplinar. A consciência epistemológica do lugar classificado por sua natureza interdisciplinar *stricto sensu* e suas consequências para a formação, a pesquisa e os tipos de produção, está muito aquém do necessário.

Portanto, urge abrirmos espaços de troca de experiências de base, que acolham e priorizem os debates conceituais, filosóficos, científicos e educacionais, envolvendo coletivos de pesquisadores e programas interdisciplinares, sistematizando, e fundamentando assim as necessárias ações de ajuste de escopo avaliativo junto aos nossos órgãos reguladores e de fomento à pós-graduação e pesquisa no Brasil.

Apoio

O presente trabalho foi realizado com apoio da Coordenação de Aperfeiçoamento de Pessoal de Nível Superior - Brasil (CAPES) - Código de Financiamento 001, e o apoio por reconhecimento institucional do Instituto Tércio Pacitti e da Pró-Reitoria de Extensão da Universidade Federal do Rio de Janeiro.

Referências

Blakemore, S-J.; Frith U. The learning brain: Lessons for education: a précis. **Developmental Science**, 8(6): 459–471, 2005.

Childs, P. R. N.; Hamilton, T.; Morris, R. D.; Johnston, G. Centre for Technology Enabled Creativity. Proceedings of Engineering and Product Design Education Conference, 7-8 September 2006, Salzburg University of Applied Sciences, Salzburg, Austria, 2006.

Dodgson, M.; Gann, D. **Innovation**: A Very Short Introduction. Oxford: Oxford University Press, 2010.

Drucker, P. F. **Post-capitalist society**. New York: HarperBusiness, 1993.

Fróes, M. Hiperfaces do Híbrido Arte Ciência: Bio-Grafos de uma Anatomia da Paixão Humana. Em: Carlos Augusto M. da Nóbrega e Malu Fragoso (Org.). **HIPERORGÂNICOS**: Ressonâncias arte, hibridação e biotelemática. Rio de Janeiro: Rio Book's, p. 144-173, 2016.

Gibbons, M., Limoges, C., Nowotny, H., Schwartzman, S. **The New Production of Knowledge**: The Dynamics of Science and Research in Contemporary Societies. Sage, Stockholm, 1994.

Mota, R.; Scott, D. **Education for Innovation and Independent Learning**. Elsevier Inc., Oxford, UK, 2014.

Powell, W. W.; Snellman, K. The Knowledge Economy. **Annual Review of Sociology**, 30(1), 199–220, 2004. https://doi.org/10.1146/annurev.soc.29.010202.100037

Sawyer, R. K. Educating for innovation. **Thinking Skills and Creativity**, 1: 41–48, 2006.

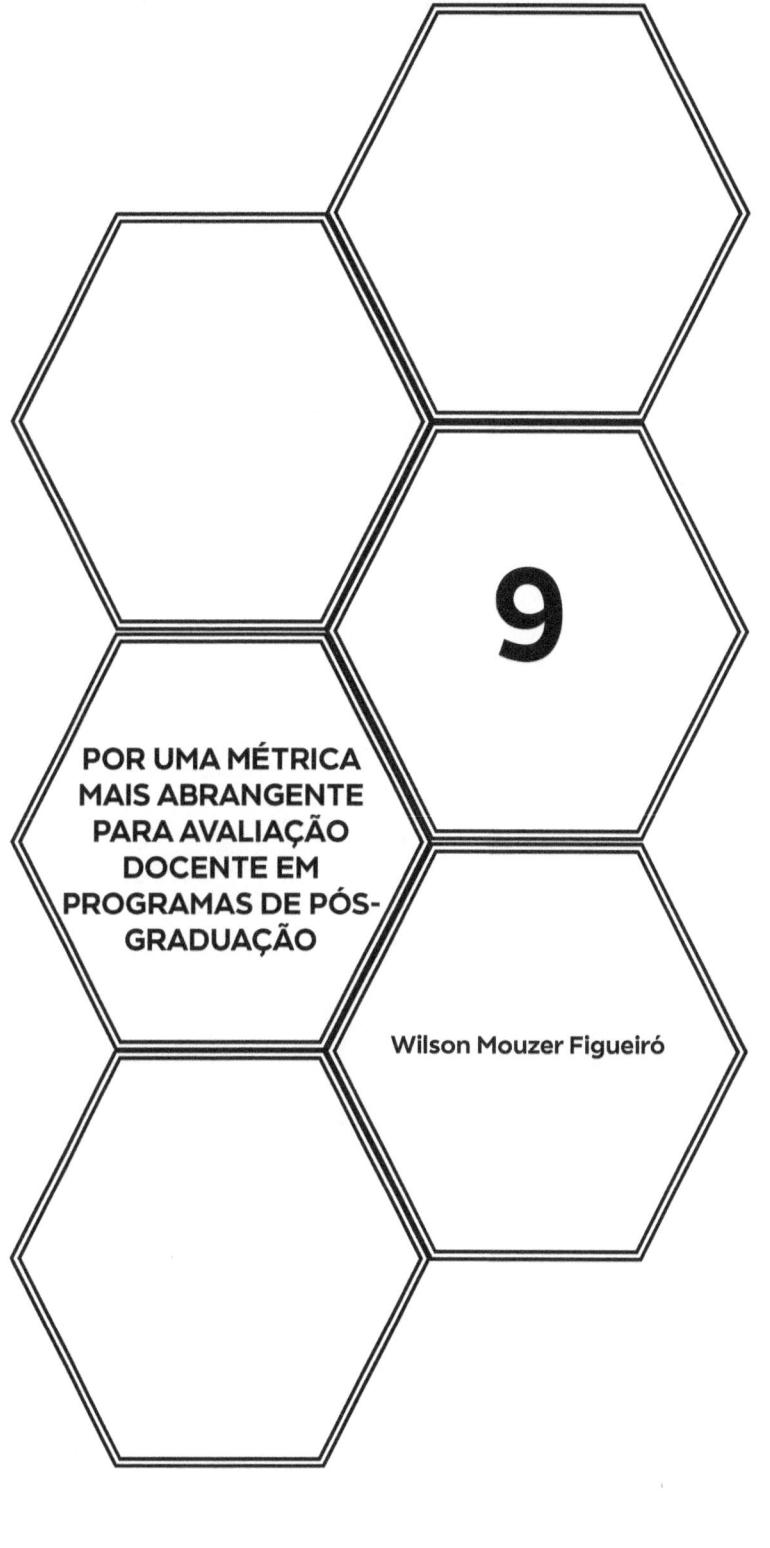

9

POR UMA MÉTRICA MAIS ABRANGENTE PARA AVALIAÇÃO DOCENTE EM PROGRAMAS DE PÓS-GRADUAÇÃO

Wilson Mouzer Figueiró

Introdução

Métricas de avaliação, ou de classificação, de docentes e pesquisadores em programas de pós-graduação são úteis como instrumentos, no mundo acadêmico, para a concessão ou obtenção de: promoções, bolsas, discípulos, projetos, financiamentos, prestígio, respeitabilidade, cargos, poder político, e etc. Entretanto, em geral, tais métricas supervalorizam a quantidade de artigos acadêmicos publicados pelo docente, e, por outro lado, a doutrina do "publique ou pereça" encontra-se em profunda crise, devido ao fato do artigo acadêmico ter se afastado da ciência e se tornado uma mera mercadoria no lucrativo mercado de publicações dominado por empresas editoriais.

Diante disso, este trabalho consiste na proposição de uma nova métrica capaz de contemplar, mais amplamente, a grande variedade de atividades acadêmicas sem valorizar demasiadamente qualquer uma delas. Trata-se de uma média ponderada das quantidades realizadas, num dado período de tempo, das diversas atividades acadêmicas que têm seus pesos definidos pela inteligência humana coletiva dos docentes usuários de plataformas acadêmicas da internet. Tais pesos são continuamente atualizados e novas atividades sempre podem ser inseridas na média.

Como não foram realizadas coletas de dados reais, não existem resultados obtidos, apenas aqueles que seriam esperados a médio e a longo prazos, e alguns deles seriam: ampliação do percentual de mestres e doutores; maior articulação entre a: educação básica, graduação e pós-graduação; inibição de negacionismos dirigidos contra conhecimentos criticamente construídos na universidade; valorização do trabalho de divulgação; e etc.

Em síntese, pode-se dizer que a métrica proposta possui, dentre outras, as seguintes características: abrangência (amplo espectro de atividades), diversidade (ampla variedade), estabilidade (não se restringe a poucas atividades), simplicidade matemática, adaptabilidade (possui pesos atualizáveis), admissibilidade (admissão de novos termos), e etc.

Neste trabalho, os termos docente e pesquisador quase sempre se equivalem, e quando isto não ocorre a distinção entre eles é explicitada de imediato no texto. O caráter mais ensaístico deste artigo se debruça sobre o seguinte problema: os cursos ou programas de pós-graduação (PPG) no Brasil, principalmente aqueles das chamadas ciências duras, são fortemente marcados pela competição e pelo individualismo, e não está claro se isto realmente propicia uma maior ou melhor produtividade acadêmica, mas é certo que deteriora o relacionamento entre os indivíduos nos laboratórios, causando prejuízos tangíveis ou não à pesquisa. Tal infortúnio não é vivido apenas por estudantes, mas, também, e até com maior intensidade, por docentes ou pesquisadores que atuam em tais cursos. Neste quadro, a supervalorização do critério da quantidade de artigos acadêmicos publicados, que vigia, avalia e classifica pesquisadores, torna-se o mecanismo central na produção de um apartheid real entre docentes universitários. Ele é efetivado pelos PPG, que são dominados por indivíduos hipertrofiados numa única habilidade acadêmica, resultante do atendimento subserviente das diretrizes impostas por agência de fomento. Esta, além de ferir a autonomia universitária, adota, usando coordenadores de PPG, animados por impulsos autoritários e por sanha punitivista, a doutrina do "Publique ou Pereça", que é um instrumento de mensuração simplificada e reducionista da complexa atividade acadêmica pós-graduada. Isto faz com que docentes métrico-finalistas se mantenham credenciados a tais programas e deles sejam excluídos docentes mais comprometidos com: a qualidade científica, as contrapartidas sociais, a diversidade do aperfeiçoamento formativo, a valorização da autonomia do educando, e o aprofundamento epistemológico.

Além disso, deve-se dizer que o "ou" da expressão "Publique ou Pereça" não é exclusivo, pode-se perecer mesmo publicando-se, bastando-se, para isso, a não frequente publicação em periódicos com alto fator de impacto, ou o não atingimento da quantidade de publicações exigida pelas agências financiadoras, cujas diretrizes são passiva e obsequiosamente acatadas pelos PPG.

Dentre alguns sintomas que caracterizam ou

constituem a crise da doutrina "Publique ou Pereça", temos:

1. a quantidade de publicações de "papers" se tornou mais importante do que a qualidade da autêntica pesquisa científica realizada (o número de publicações passou a ter um fim em si mesmo e, indevidamente, superou o autêntico fazer ciência);

2. o advento de um inacreditável modelo de negócio no qual empresas editoriais, com investimentos mínimos e se aproveitando de recursos públicos aplicados por sociedades no desenvolvimento de suas ciências, auferem lucros espetacularmente altos;

3. a crença de que métricas classificadoras de pesquisadores e de instituições, por meio, quase que exclusivo da quantidade de suas publicações, são capazes de expressar de modo fácil, rápido, eficiente, e fidedigno a qualidade da suposta ciência produzida;

4. o surgimento dos repositórios "pre-print", onde artigos são publicados sem revisão por pares (embora o trabalho de revisão possa ocorrer, mais amplamente, segundo procedimentos mais claros);

5. o direcionamento da destinação de recursos públicos tem orientação definida por presença de nomes de gerentes de laboratórios com alto índice-h ou similar;

6. a desvalorização da importantíssima atividade de ensino na graduação (cabe lembrar que o mais eminente pesquisador teve que passar pela graduação no início de sua carreira);

7. a inflação de autores espúrios, citações recíprocas, e auto-citações;

8. o surgimento de uma assoberbada "nobreza" credenciada a habitar os espaços colegiados dos PPG, que tem sua distinção assegurada por abundante e regular produção de lixo

acadêmico;

9. a agressividade física e simbólica dirigida contra docentes tornou-se uma corriqueira realidade;
10. a proliferação de periódicos predatórios, que publicam segundo remuneração e com baixas exigências de qualidade;
11. a entrega do resultado da pesquisa em partes mínimas decompostas de modo a aumentar a contabilidade em termos de publicações ("Salami Slicing");
12. a corrida por financiamento, que faz dos pesquisadores seres sobrecarregados de trabalho, em intensa competição e avessos à colaboração;
13. a validação do financiamento aos PPG por notas atribuídas por agência de fomento contribui para a degradação do pessoal de ensino superior, pois torna-se impeditiva da recuperação e da sobrevivência de pesquisadores e de PPG;
14. a entrada da lógica produtivista neoliberal nas universidades fez do artigo científico uma mera mercadoria que esvaziou o espírito científico universitário de qualquer conteúdo vivo;
15. a saúde mental docente foi afetada pelo produtivismo acadêmico e pela cultura competitiva do meio;
16. o adoecimento físico docente vem tomando grandes proporções no âmbito acadêmico; e etc.

Os sintomas numerados a partir do item (10) são apresentados e comentados em Rezende et al. (2023). Além disso, a supervalorização da quantidade de artigos publicados potencializa a conversão do produtivismo acadêmico em produtivismo midiático ou performático (ser eletronicamente percebido), graças à presença em nossa sociedade da cultura digital, que se impõe de modo cada vez mais dominante (Zuim & Bianchetti, 2015). Cabe aqui acrescentar que o termo produtivismo acadêmico significa regulação, controle excessivo e valorização exagerada da quantidade da produção acadêmica em detrimento de sua qualidade (Da Silva, 2020).

Visando encontrar solução para o problema apresentado, faz-se necessário pensar alternativas capazes de melhor mensurar a produção científica, em substituição à violência do terror extremista ditado pela doutrina do "Publique ou Morra", que fez emergir inúmeras situações inimigas da boa ciência, que prejudicam tanto a academia quanto a sociedade, o que torna obrigatório a proposição de formas de avaliação que sejam mais diversas, inclusivas, e que contemplem melhor a complexidade do fazer científico-acadêmico. Cabe aqui esclarecer que o termo "boa ciência" não se refere apenas à metodologia científica, que inclui a observância das evidências empíricas oferecidas pela realidade física, e às leis da lógica propostas pelos princípios da racionalidade, mas, também, e principalmente: ao comprometimento com o progresso social, à preservação ambiental, ao respeito aos preceitos éticos e morais, e à consideração da dignidade da pessoa humana.

O presente trabalho não constitui um manifesto contra as agências de fomento e aos PPG universitários a elas subalternizados, muito embora estes sejam os agentes executores daquilo que resulta no problema da valorização hipertrofiada da quantidade de artigos publicados em veículos com alto fator de impacto na avaliação docente, que contribui fortemente para o empobrecimento intelectual da academia.

Este trabalho veio para dizer, dentre outras coisas, que: algo profundamente errado ocorre hoje na academia, muitos acadêmicos desconhecem o perigo pelo qual passa o ensino superior, estamos sendo alienados de forma brutal do produto de nosso trabalho, necessitamos enfrentar os inimigos da universidade pública com os meios que dispomos (mesmo que em nossos discursos adotemos tons panfletários), e precisamos propor formas mais democráticas e participativas de docentes na construção de métricas avaliadoras mais justas.

Importância dos artigos

Apesar do exposto até aqui, não podemos negar a importância do artigo acadêmico. Desde que abertamente acessível a toda a sociedade, não se conhece outro veículo de comunicação do trabalho acadêmico (algo capaz de fazer a sociedade conhecer nossas criações e descobertas) diferente do artigo, que seja mais: amplo, compacto, duradouro, eficiente, documentado, portável, reprodutível, perene, e, até mesmo, acessível (no sentido de sua simplicidade física, sua potencial objetividade, e de seu conteúdo comunicacional; mas nunca enquanto mercadoria, cujo valor pode ser bastante elevado no mercado das publicações).

Mesmo a divulgação e a popularização da ciência podem ser feitas por meio de materiais escritos que podem não estar exatamente no formato exigido por renomados periódicos, caso não necessitemos de seus selos de suposta qualidade; o artigo não se direciona exclusivamente à elitizada comunicação entre os pares acadêmicos, ele pode ser usado também para a comunicação da ciência com a sociedade como um todo.

Artigos científicos são importantes porque: são o principal meio de comunicação de resultados de pesquisas com a comunidade científica; apresentam conclusões a um público mais amplo; permitem a avaliação do trabalho apresentado; estabelecem a confiabilidade das descobertas; fornecem uma base sólida para pesquisas futuras; e são referências para a tomada de decisões políticas e empresariais (Brofman, 2012). Entretanto, isto não quer dizer que não tenha qualquer valor, ou representa uma atividade menor, tudo aquilo que não se materializa em artigo.

Métrica avaliativa de maior abrangência

Motivações

A proposição de uma métrica mais abrangente para a avaliação docente nasce da necessidade do enfrentamento de problemas advindos de métricas de avaliação docente que supervalorizam a quantidade de artigos publicados. Como algumas motivações temos:

1. A grande quantidade de trabalho, energia, e recursos públicos gasta na produção de um artigo;

2. O surgimento do modelo de negócio praticado por empresas editoriais que investem quase nada em ciência e auferem lucros gigantescos com a comercialização da publicação de trabalhos desenvolvidos, quase sempre, com recursos públicos em universidades;

3. O reducionismo da supervalorização, pelos PPG, da publicação de grande quantidade de artigos acadêmicos em periódicos especializados;

4. A presença da crítica ou da criatividade num trabalho acadêmico não é observada e nem considerada quando a preocupação está unicamente focada no aumento da quantidade de artigos publicados;

5. A criatividade e a crítica são relegadas a planos inferiores, pois quando a preocupação se concentra na publicação de um grande número de artigos, o desenvolvimento da capacidade de se pensar, ou de questionar, fora dos padrões estabelecidos do momento, tendem ao atrofiamento;

6. Uma métrica reducionista pode atribuir um alto valor acadêmico àquilo que, na verdade, tem pouco valor, contribuindo, assim, para a

falsificação da produção acadêmica, facilitando possíveis imposturas intelectuais;

7. A proliferação de periódicos predatórios, que possuem baixas exigências de qualidade e prometem rápida publicação, mas mediante remuneração a seus editores;

8. A quantidade de artigos publicados tornou-se mais importante do que o próprio desenvolvimento da ciência;

9. A desvalorização do artigo publicado, como resultado da inflação causada pela grande quantidade de publicações que os docentes, ou pesquisadores, são obrigados a realizar. Esta inflação é caracterizada pela publicação de muitos artigos de baixa qualidade, fazendo com que estes percam seu valor no mercado das publicações e, consequentemente, são desvalorizados enquanto moeda para a compra de prestígio acadêmico e para a aquisição de financiamentos;

10. O paradoxo do "Mais é Menos": quanto maior for o número de artigos publicados por um autor (e maior é o seu trabalho, considerando apenas o esforço demandado pela publicação em si mesmo), menor é o valor de seus artigos, pois eles dizem mais do mesmo;

11. A insuficiência de publicação de poucos artigos cientificamente interessantes ou em bons periódicos se deve à exigência imperativa dos PPG de padrão verticalizado de número de publicações estar sempre presente;

12. A doutrina do "Publique ou Pereça" tem consequências nefastas na qualidade de trabalhos e projetos, e na jornada de trabalho do docente;

13. A condenação à invisibilidade de importantes acadêmicos com um perfil mais inclinado para: a experimentação laboratorial, o estudo teórico, a apresentação de palestras,

a transmissão do conhecimento em boas aulas, a extensão universitária, ou a programação computacional; mas que não são suficientemente "espertos" no cumprimento dos tortuosos circuitos da publicação;

14. A soberba da pesquisa acadêmica pós-graduada obstrui possíveis canais de diálogo entre ela e as demais atividade universitárias;

15. A lamentável desvalorização do ensino da graduação, que é a fonte de grande parte da potência acadêmica;

16. A grave diminuição da alegria do aprender, conhecer e ensinar nos estafados espaços universitários; além de outros problemas e aspectos disfuncionais do sistema acadêmico já elencadas anteriormente; e etc.

As situações acima mencionadas permitem ainda suscitar os seguintes questionamentos:

- A supervalorização da quantidade de artigos publicados, como critério dominante de avaliação docente e de programas de pós-graduação realmente propicia o progresso da ciência ou do conhecimento humano?

- A pesquisa nos mais variados ramos do conhecimento (em especial na ciência e na universidade) é um projeto individual ou coletivo?

- Os PPG devem ser entidades apartadas das demais atividades universitárias, tais como: ensino na graduação, extensão e gestão universitárias?

- Grandes publicadores de artigos costumam ser péssimos professores de graduação e de pós-graduação?

- O que é mais importante: criar pequenos grupos, cada vez mais elitizados, de especialistas em subáreas do conhecimento ou promover a divulgação do conhecimento e dos métodos da ciência, levando às camadas populares a ideia da importância, cada vez maior, da ciência e da tecnologia no mundo em que vivemos?

Finalidades

Algumas das finalidades da métrica aqui proposta são: reduzir aspectos disfuncionais advindos da supervalorização da quantidade de publicação de artigos acadêmicos em periódicos; e ser uma alternativa às métricas do tipo "índice-h" que, além de serem de extremo reducionismo, permitem que um autor com apenas um único artigo com excelente número de citações, sendo seus demais fracamente citados, possa ter seu "índice-h" inferior àqueles de outros autores, apenas regulares, mas com alguns de seus artigos com níveis medianos de citações.

Espírito

Este trabalho é animado por um espírito capaz de:

- Ouvir críticas e receber contribuições, visando defender a proposta e, deste modo, melhorá-la;
- Suscitar a discussão de um tema, relativamente antigo, que vem ganhando cada vez mais relevância;
- Participar de uma comunidade interessada em pensar novos modelos de pós-graduação; e
- Conhecer novas ideias sobre um tema de difícil abordagem que toca as vaidades docentes e torna visível a isca do desejo de prestígio do pesquisador, que é habilmente usada pela ideologia produtivista, que tanto aprisiona e desvirtua a atividade acadêmica.

Algumas métricas já existentes e o interesse que despertam

Diferentes métricas, que contabilizam diferentes aspectos da publicação acadêmica, podem ser encontradas na internet (por exemplo: fator de impacto do periódico no qual o artigo apareceu, número de visualizações de artigo na internet, classificação de instituições de autores, e etc).

Pode-se dizer que algumas das métricas mais célebres sejam: scopus CiteScore, web of science Citation Report, google scholar Metrics, Indice-h, e etc. Entretanto, todas são de caráter menos abrangente, ou mais restritivo, do que a métrica que é objeto da presente proposta de trabalho. Se o leitor desejar se antecipar, poderá se dirigir à seção intitulada "Expressão matemática da métrica proposta", onde tal métrica é tecnicamente apresentada, para a verificação de sua correção matemática e, didaticamente explicada, para que ela possa ser mais amplamente compreendida. Por ora, ela será aqui denominada de Ponderação Humana da Inteligência Coletiva (PHIC).

Dentre as várias métricas existentes para avaliação docente, são elencadas, aqui, apenas algumas poucas, que, talvez, possam ser mais conhecidas ou sofisticadas, mas que, seja por qualquer aspecto que se considere, não superam a PHIC em abrangência, diversidade, anti-elitismo e protagonismo humano.

Embiruçu et al. (2010) propõe um indicador quantitativo de avaliação docente da Educação Superior (IAD), que procura considerar importantes atividades acadêmicas, tais como: produção científica qualificada, extensão, qualidade da graduação, taxa de conclusão da pós-graduação e gestão acadêmica. Embora tal índice considere todas as principais atividades docentes, exiba robustez, e tenha parâmetros ajustáveis, ele não ouve a comunidade dos docentes avaliados.

Um indicador que se tornou muito popular é o assim chamado índice-h, que mede, a um só tempo, a produtividade de um pesquisador e o impacto de seu trabalho baseando-se em seus artigos mais citados. O índice-h de um pesquisador é definido como sendo o maior número h de artigos deste pesquisador que tenha um número maior ou igual a h de citações. Por exemplo: se um pesquisador possui índice-h igual a 9, isto significa que ele tem 9 artigos (ou trabalhos) com pelo menos 9 citações cada um, significa também que ele não tem 10 artigos com um número de citações igual ou superior a 10; portanto 9 é o seu maior número de artigos cujo número de citações não é inferior a 9.

Como principais vantagens, tal índice:

1. combina quantidade de publicações com o impacto da pesquisa,
2. é de cálculo simples se ele tiver acesso às bases de dados (tais como: google scholar, researchgate, scopus, e outras),
3. caracteriza com objetividade a produtividade do pesquisador, e
4. tem melhor desempenho relativamente à aplicação isolada de outros indicadores (tais como: fator de impacto, quantidade de artigos, número de citações, razão entre a quantidade de citações pelo número de artigos, e etc).

Dentre algumas de suas limitações, ele não permite comparações entre pesquisadores de diferentes áreas (as diferentes comunidades variam numericamente), é manipulável por autocitações, equipara livros a artigos, e não considera a quantidade de autores de um mesmo trabalho (Marques, 2013). Além disso, aqueles que publicam em periódicos de alto fator de impacto, têm maiores chances de terem seus artigos mais citados do que outros que publicam em periódicos de menor impacto. Ou seja, o índice-h se aproveita da impulsão dada pelo fator de impacto do periódico no qual o artigo foi publicado (Zuin & Bianchetti, 2023).

Dito de outro modo, um alto grau de citação obtido por um autor de um artigo pode não resultar de seus próprios méritos acadêmicos, mas sim do benefício advindo do alto fator de impacto do veículo do artigo ou, em medida nada desprezível, de sua promoção publicitária.

O benefício do fator de impacto do periódico é transferido, muitas vezes de modo indevido, para o autor.

Minotto Neto et al. (2021) propõem uma métrica de avaliação da ocupação docente em termos da composição da carga de trabalho, chamada Coeficiente de Carga de Trabalho, que se baseia na ferramenta chamada Processo Analítico Hierárquico, AHP ("Analytic Hierarchy Process"). Esta métrica visa a equidade em termos de carga de trabalho, é adaptável às diferentes realidades institucionais, possui forte base matemática, tem implementação computacional, e é de simples acesso a gestores com distintas formações. Apesar destas boas qualidades, tal métrica se restringe a alguns poucos aspectos da atividade acadêmica.

A título de mais um exemplo, menciona-se aqui o resultado de processo de avaliação de docente na pós-graduação, feita por discentes, baseando-se na metodologia da Avaliação Institucional Participativa (AIP) que considera aspectos tanto quantitativos quanto qualitativos (Felix et al., 2019). Os resultados mostraram grande participação discente com destaque dado à relação docente-estudante, à qualidade de aulas, e à formação. Indicaram também que: a metodologia docente precisa ser melhorada (sem dizer o modo); que o docente reconhece que o método da AIP não precisa pautar a sua produtividade; que processos não dirigidos ao controle equilibram as relações docente-discente; que a avaliação participativa proporciona um autoconhecimento docente que aperfeiçoa o seu ensino; e que uma avaliação transparente contribui para uma educação universitária pública, gratuita, e laica. Cabe acrescentar que a metodologia AIP envolve, de modo importante, o coletivo humano.

Existem estudos que se propõem a identificar tendências sobre o tema da avaliação de docentes em Instituições de Educação Superior (IES) usando bases de dados disponíveis na internet, das quais se recolheu material, sobre o qual se aplicou algumas ferramentas de tratamento de dados, tais como: instrumentos de avaliação, e a análise de dados. Basearam-se em questionários para a coleta de opiniões de alunos e técnicas quantitativas que permitiram identificar um crescimento na quantidade de pesquisas sobre o tema da avaliação de desempenho docente em IES em diferentes países (Missunaga et al., 2021). Cabe acrescentar que as referidas técnicas quantitativas, frequentemente, se materializam em métricas.

Proposta

Tendo-se em vista o valor do equilíbrio, e a adoção de critérios avaliativos menos estritos, na busca da diversificação de diferentes modos de atuação nos PPG, é possível propor uma fórmula matemática, que consiste numa média, na qual participam os mais variados aspectos quantificáveis da atividade pós-graduada. Tal média é ponderada por pesos, que podem ser periodicamente revisados, e atribuídos pela inteligência humana coletiva, calculados e coletados em plataformas de registro de atividades acadêmicas, tal como a Lattes, mas não exclusivamente. Ela é uma métrica que evitaria a supervalorização de um único critério de avaliação de cursos, tal como tem sido a dominância, quase absoluta, do critério da quantidade de artigos publicados por pesquisador, em termos práticos, para propósitos avaliativos.

Tal fórmula seria passível de receber novos e diversos parâmetros representativos dos ditos aspectos quantificáveis. Os critérios para inclusão de tais parâmetros ainda teriam de ser estudados e discutidos de modo mais aprofundado, mas não haveria supervalorização de uma única atividade e nem seriam demasiadamente equitativos.

Tal fórmula ofereceria uma avaliação preliminar e não definitiva que, juntamente com outros aspectos não quantificáveis, poderiam oferecer critérios avaliativos mais justos. Por exemplo, além de parâmetros usuais, que compareçam, dominantemente, em quase todas as métricas avaliativas existentes, poderiam ter lugar nesta fórmula: o oferecimento de cursos introdutórios sobre tópicos afeitos à pós-graduação (tanto em termos de seus conteúdos quanto aos seus formatos institucionais) para professores e alunos da educação básica; o estabelecimento do diálogo entre disciplinas de diferentes áreas (especialmente entre humanas e tecnológicas); a iniciação de graduandos na pesquisa pós-graduada; e etc. Tal como dito antes, a métrica aqui proposta será, talvez provisoriamente, chamada de Ponderação Humana da Inteligência Coletiva (PHIC).

Expressão matemática da métrica proposta

Em termos puramente matemáticos a discussão da expressão proposta é de grande simplicidade. Entretanto, para um público não habituado com a linguagem matemática, sua simbologia e seus termos podem assustar. Portanto, para evitar tais assombros, cada passo matemático será seguido por uma exemplificação didaticamente preparada de modo a tornar os conceitos e as passagens mais familiares. Ainda não foram realizados experimentos de campo em situações reais. Espera-se que eles possam vir a ser realizados em desenvolvimentos futuros. Talvez seja possível a implantação de projetos pilotos.

A métrica PHIC tem a seguinte expressão matemática (equação 1):

$$I_j = \sum_{i=1}^{N} p_i \cdot A_{i,j} \quad (1)$$

onde: I_j é o índice obtido pelo docente j, N é o número total de atividades consideradas, $A_{(i,j)}$ é o número de atividades do tipo i desenvolvidas pelo docente j, e p_i é o peso corrente da atividade A_i no momento do cálculo do índice I_j.

Como exemplo de uma possível situação prática onde tal fórmula possa ser aplicada, vamos supor um grupo constituído por 5 docentes: João, Maria, Regina, Sophia e Walter. É claro que tal fórmula visa ter aplicação em grupos constituído por milhares (talvez milhões) de docentes, mas aqui vamos observar o seu funcionamento para o pequeno grupo considerado.

Por uma questão puramente operacional, vamos chamar: João de $docent_1$, Maria de $docent_2$, Regina de $docent_3$, Sophia de $docent_4$ e Walter de $docent_5$. Sendo assim, o índice I_j se refere ao $docent_j$, o que quer dizer que tal índice é a "nota" obtida pelo $docent_j$. Dito de outro modo:

I_1, I_2, I_3, I_4 e I_5 são os índices obtidos, respectivamente, por: João, Maria, Regina, Sophia e Walter.

Consideremos, agora, que existam apenas 4 tipos de atividades docentes (é claro que existem centenas delas e exemplos de algumas são apresentados no final desta seção), mais aqui vamos, por amor à simplicidade, considerar apenas 4, a saber: ensino, pesquisa, extensão e gestão; que serão chamadas, respectivamente, por: $A_{(1,j)}$, $A_{(2,j)}$, $A_{(3,j)}$ e $A_{(4,j)}$, onde o j se refere a docent$_j$.

Ou dito de modo mais específico: $A_{1,2}$ é a quantidade de atividade 1 (no caso, ensino) realizada pelo docente 2 (no caso, Maria). Dito isto, o N que aparece no somatório da Eq. (1) é igual a 4, ou seja, ele possui 4 parcelas. Expandindo-o, ou seja, variando-se i de 1 até 4, vê-se que, os índices do João e da Maria são, respectivamente:

$$I_1 = \sum_{i=1}^{4} p_i \cdot A_{i,1} = p_1 \cdot A_{1,1} + p_2 \cdot A_{2,1} + p_3 \cdot A_{3,1} + p_4 \cdot A_{4,1}, \quad (2)$$

$$I_2 = \sum_{i=1}^{4} p_i \cdot A_{i,2} = p_1 \cdot A_{1,2} + p_2 \cdot A_{2,2} + p_3 \cdot A_{3,2} + p_4 \cdot A_{4,2} \quad (3)$$

e, analogamente, para os demais.

Já podemos calcular os índices da métrica PHIC do João e da Maria? Não! Pois, ainda não sabemos as quantidades das diferentes atividades desenvolvidas pelo João e pela Maria. Tais quantidades são informadas por eles mesmos. Suponhamos que João nos diga que, durante um determinado período, desenvolveu: 7 atividades de ensino, 3 de pesquisa, 2 de extensão e 5 de gestão; então, temos que: $A_{1,1}=7$, $A_{2,1}=3$, $A_{3,1}=2$, $A_{4,1}=5$.

Do mesmo modo, Maria nos informou que realizou: 8 atividades de ensino, 1 de pesquisa, 4 de extensão e nenhuma de gestão, então, para Maria, temos: $A_{1,2}=8$, $A_{2,2}=1$, $A_{3,2}=4$ e $A_{4,2}=0$.

Na tabela 1 estão reunidas as quantidades de atividades realizadas por cada docente.

Tabela 1. Quantidade de cada atividade realizada por cada docentes

atividades	i	João 1	Maria 2	Regina 3	Sophia 4	Walter 5
ensino	1	$A_{1,1}=7$	$A_{1,2}=8$	$A_{1,3}=5$	$A_{1,4}=6$	$A_{1,5}=5$
pesquisa	2	$A_{2,1}=3$	$A_{2,2}=1$	$A_{2,3}=9$	$A_{2,4}=5$	$A_{2,5}=4$
extensão	3	$A_{3,1}=2$	$A_{3,2}=4$	$A_{3,3}=5$	$A_{3,4}=4$	$A_{3,5}=4$
gestão	4	$A_{4,1}=5$	$A_{4,2}=0$	$A_{4,3}=1$	$A_{4,4}=3$	$A_{4,5}=5$

Agora que todos os docentes do grupo informaram, de modo análogo, a quantidade de suas atividades, já podemos calcular os índices PHIC de todos? Não! Por quê? Precisamos determinar os 4 pesos (p_1, p_2, p_3 e p_4) que compareçam nas Eqs. (2) e (3) e em todas as demais fórmulas similares que permitem calcular os índices dos outros três docentes. Cabe, aqui, lembrar que em todas as fórmulas, no mesmo instante de tempo, tais pesos sempre possuem os mesmos valores. É aqui que se encontra o coração (ou a alma) da métrica proposta: tais pesos são gerados pela Inteligência Humana Coletiva. Como? Um peso para cada atividade seria inserido por cada docente em alguma plataforma (ainda não existente), e a média aritmética de todos os pesos, atribuídos a uma dada atividade, seria o peso desta atividade que compareceria em todas as fórmulas para o fornecimento do índice de todos os docentes.

A título de exemplo, uma lista de algumas possíveis atividades, que teriam lugar na fórmula da métrica PHIC, é apresentado a seguir: orientação discente, artigo acadêmico publicado em periódico, resumo publicado em anais de evento, projeto de extensão, projeto de pesquisa, relatório de pesquisa, participação em bancas, disciplina ministrada, curso realizado, revisão de trabalho, apresentação de palestra, realização de evento acadêmico, participação em evento acadêmico, grau de colocação de orientados no mercado de trabalho, realização de estágio de pós-doutorado em instituição distinta daquela de origem do docente, publicação de livro, projeto que visa estimular o diálogo interdisciplinar, divulgação científica, internacionalização universitária, interiorização universitária, projeto de diálogo com o ensino básico, projeto de aproximação e diálogo entre diferentes instituições acadêmicas, criação e valorização de periódicos locais, projeto de política universitária voltado para o diálogo com instâncias públicas governamentais, projeto de política universitária voltado para o diálogo com o setor privado, projeto político universitário de combate ao negacionismo do conhecimento criticamente construído na academia, cargo de chefia ou direção, membro de conselho universitário, consultoria, participação em comitês de sindicância, e muitas outras não aqui elencadas.

Cálculo dos pesos

Para um público mais técnico, em termos matemáticos mais gerais e formais, temos: seja $P_j = (p_{1,j}, p_{2,j}, p_{3,j}, ..., p_{N,j})$ o vetor dos pesos atribuídos pelo docente j a cada uma das N atividades consideradas, onde $0,0 \leqslant p_{i,j} \leqslant 10,0$.

Temos que: $|P_j| = \sum_{i=1}^{N} p_{i,j}$, é a norma da soma do vetor P_j. Assim,

$$P_{U_j} = \frac{P_j}{|P_j|} = \frac{1}{|P_j|}(p_{1,j}, p_{2,j}, p_{3,j}, ..., p_{N,j}) = (p_{u,1,j}, p_{u,2,j}, p_{u,3,j}, ..., p_{u,N,j}) \quad (4)$$

é o vetor normalizado dos pesos atribuídos pelo docente j às diferentes atividades,

$$|P_{U_j}| = \frac{1}{|P_j|}\sum_{i=1}^{N} p_{i,j} = \frac{|P_j|}{|P_j|} = 1, \quad (5)$$

é uma verificação de que a norma da soma de P_{U_j} é realmente igual a 1, e

$$p_i = \frac{1}{M}\sum_{j=1}^{M} p_{u,i,j}, \quad (6)$$

onde M é o número total de docentes que atribuíram peso às diversas atividades (entende-se que a não atribuição de um peso a uma dada atividade equivale a ter sido dado a ela o peso zero, 0,0, entretanto isto poderá ser reconsiderado numa versão mais avançada da métrica (considerando-se que ela poderá estar em constante aprimoramento), isto é: o peso não atribuído a uma dada atividade se distinguirá da atribuição deliberada de peso zero a esta mesma atividade, e este peso não atribuído não será considerado no cálculo da média que constituirá o valor do peso da atividade, ou seja ele também não estará presente no denominador da média).

Exemplo numérico simplificado

Retornemos ao caso simplificado que iniciamos na seção anterior. Suponhamos que nossos 5 (cinco) docentes já nominados atribuíram pesos às 4 (quatro) atividades consideradas em uma dada plataforma coletora de tais pesos. Neste caso particular, M=5 e N=4, e os valores atribuídos aos pesos são mostrados na Tabela 2 que segue abaixo:

Tabela 2. Valores de pesos atribuídos às atividades por docentes

			docentes				
		j	João	Maria	Regina	Sophia	Walter
		i	1	2	3	4	5
atividades	ensino	1	$p_{1,1} = 2,1$	$p_{1,2} = 2,5$	$p_{1,3} = 1,5$	$p_{1,4} = 9,0$	$p_{1,5} = 3,0$
	pesquisa	2	$p_{2,1} = 10,0$	$p_{2,2} = 0,2$	$p_{2,3} = 5,0$	$p_{2,4} = 8,1$	$p_{2,5} = 2,6$
	extensão	3	$p_{3,1} = 0,7$	$p_{3,2} = 4,0$	$p_{3,3} = 1,5$	$p_{3,4} = 7,3$	$p_{3,5} = 2,4$
	gestão	4	$p_{4,1} = 0,0$	$p_{4,2} = 0,9$	$p_{4,3} = 0,0$	$p_{4,4} = 6,8$	$p_{4,5} = 2,0$

Cabe aqui observar que, na simulação apresentada, os valores dos pesos foram escolhidos de modo arbitrário, entretanto, numa situação real, o docente atribui pesos às atividades de acordo com o seu entendimento (objetivo ou não) da importância que cada atividade possui para meio acadêmico e para a sociedade.

Segue, então, abaixo, o vetor de pesos atribuídos a cada atividade por cada docente:

$$\begin{cases} P_1 = (p_{1,1}, p_{2,1}, p_{3,1}, p_{4,1}) = (2,1, 10,0, 0,7, 0,0) \Rightarrow |P_1| = 12,8\,; \\ P_2 = (p_{1,2}, p_{2,2}, p_{3,2}, p_{4,2}) = (2,5, 0,2, 4,0, 0,9) \Rightarrow |P_2| = 7,6\,; \\ P_3 = (p_{1,3}, p_{2,3}, p_{3,3}, p_{4,3}) = (1,5, 5,0, 1,5, 0,0) \Rightarrow |P_3| = 8,0\,; \\ P_4 = (p_{1,4}, p_{2,4}, p_{3,4}, p_{4,4}) = (9,0, 8,1, 7,3, 6,8) \Rightarrow |P_4| = 31,2\,; \\ P_5 = (p_{1,5}, p_{2,5}, p_{3,5}, p_{4,5}) = (3,0, 2,6, 2,4, 2,0) \Rightarrow |P_5| = 10,0\,. \end{cases} \quad (7)$$

Como os docentes do grupo aqui considerado podem atribuir pesos, numa escala de 0,0 a 10,0, em diferentes momentos, tais pesos, anteriormente inseridos, permanecem ativos e influenciam diferentemente os vetores dos pesos das atividades, fazendo variar suas normas, ou comprimentos.

Por exemplo, se atribuíssemos porcentagens a cada atividade, a soma delas deveria ser 100%. Entretanto, isto pode não acontecer, se atribuirmos, digamos: 60%, 50%, 30% e 20% para as atividades 1, 2, 3 e 4; respectivamente, pois a soma delas é 160%, que, evidentemente, excede

100%. Portanto, faz-se necessário normalizar todos estes vetores para que eles sejam reduzidos a um mesmo termo de comparação. Isto é, todos devem ter o mesmo comprimento, e este é convencionado como sendo 1 (um), entretanto as proporcionalidades, entre os diferentes pesos presentes no vetor, são todas preservadas. Para tanto, basta dividir os vetores P_i por suas normas, normalizando-os, e chamando-os de $P_{(u,i)}$, tal como segue abaixo:

$$P_{U,1} = (p_{u,1,1}, p_{u,2,1}, p_{u,3,1}, p_{u,4,1}) = \frac{P_1}{|P_1|} = \frac{1}{|P_1|}(p_{1,1}, p_{2,1}, p_{3,1}, p_{4,1}) =$$
$$\frac{1}{12,8}(2,1, 10,0, 0,7, 0,0) = (0,16406, 0,78125, 0,05468, 0,00000) \Rightarrow |P_{U,1}| = 1,0 \quad (8)$$

$$P_{U,2} = (p_{u,1,2}, p_{u,2,2}, p_{u,3,2}, p_{u,4,2}) = \frac{P_2}{|P_2|} = \frac{1}{|P_2|}(p_{1,2}, p_{2,2}, p_{3,2}, p_{4,2}) =$$
$$\frac{1}{7,6}(2,5, 0,2, 4,0, 0,9) = (0,32895, 0,02632, 0,52632, 0,11842) \Rightarrow |P_{U,2}| = 1,0 \quad (9)$$

$$P_{U,3} = (p_{u,1,3}, p_{u,2,3}, p_{u,3,3}, p_{u,4,3}) = \frac{P_3}{|P_3|} = \frac{1}{|P_3|}(p_{1,3}, p_{2,3}, p_{3,3}, p_{4,3}) =$$
$$\frac{1}{8,0}(1,5, 5,0, 1,5, 0,0) = (0,18750, 0,62500, 0,18750, 0,00000) \Rightarrow |P_{U,3}| = 1,0 \quad (10)$$

$$P_{U,4} = (p_{u,1,4}, p_{u,2,4}, p_{u,3,4}, p_{u,4,4}) = \frac{P_4}{|P_4|} = \frac{1}{|P_4|}(p_{1,4}, p_{2,4}, p_{3,4}, p_{4,4}) =$$
$$\frac{1}{31,2}(9,0, 8,1, 7,3, 6,8) = (0,28846, 0,25962, 0,23397, 0,21795) \Rightarrow |P_{U,4}| = 1,0 \quad (11)$$

$$P_{U,5} = (p_{u,1,5}, p_{u,2,5}, p_{u,3,5}, p_{u,4,5}) = \frac{P_5}{|P_5|} = \frac{1}{|P_5|}(p_{1,5}, p_{2,5}, p_{3,5}, p_{4,5}) =$$
$$\frac{1}{10,0}(3,0, 2,6, 2,4, 2,0) = (0,30000, 0,26000, 0,24000, 0,20000) \Rightarrow |P_{U,5}| = 1,0. \quad (12)$$

Deste modo, os valores dos N=4 pesos serão:

$$p_1 = \frac{1}{5}\sum_{j=1}^{5} p_{u,1,j} = \frac{p_{u,1,1}+p_{u,1,2}+p_{u,1,3}+p_{u,1,4}+p_{u,1,5}}{5} =$$
$$\frac{0,16406+0,32895+0,18750+0,28846+0,30000}{5} = \frac{1,26897}{5} = 0,25379; \quad (13)$$

$$p_2 = \frac{1}{5}\sum_{j=1}^{5} p_{u,2,j} = \frac{p_{u,2,1}+p_{u,2,2}+p_{u,2,3}+p_{u,2,4}+p_{u,2,5}}{5} =$$
$$\frac{0,78125+0,02632+0,62500+0,25962+0,26000}{5} = \frac{1,95219}{5} = 0,39044; \quad (14)$$

$$p_3 = \frac{1}{5}\sum_{j=1}^{5} p_{u,3,j} = \frac{p_{u,3,1}+p_{u,3,2}+p_{u,3,3}+p_{u,3,4}+p_{u,3,5}}{5} =$$
$$\frac{0,05468+0,52632+0,18750+0,23397+0,24000}{5} = \frac{1,24247}{5} = 0,24849; \quad (15)$$

$$p_4 = \frac{1}{5}\sum_{j=1}^{5} p_{u,4,j} = \frac{p_{u,4,1}+p_{u,4,2}+p_{u,4,3}+p_{u,4,4}+p_{u,4,5}}{5} =$$
$$\frac{0,00000+0,11842+0,00000+0,21795+0,20000}{5} = \frac{0,53637}{5} = 0,10727. \quad (16)$$

A soma de tais pesos é tal como segue apresentada.

$$\sum_{i=1}^{4} p_i = p_1 + p_2 + p_3 + p_4 = 0,25379 + 0,39044 + 0,24849 + 0,10727 = 1,0. \quad (17)$$

na qual se confirma o seu valor unitário, isto é seu comprimento, relativamente à norma da soma, é igual à unidade numérica 1 (um).

Finalmente já dispomos de tudo que necessitamos para calcular o índice PHIC de todos os docentes do grupo, pois a fórmula que servirá para o cálculo dos índices é dada por:

$$I_j = \sum_{i=1}^{4} p_i \cdot A_{i,j} = 0{,}25379 \cdot A_{1,j} + 0{,}39044 \cdot A_{2,j} + 0{,}24849 \cdot A_{3,j} + 0{,}10727 \cdot A_{4,j}. \quad (18)$$

Substituindo-se $A_{i,j}$, que é a quantidade de atividade i desenvolvida pelo docente j, na Eq. (18), obtemos o índice PHIC de cada um dos docentes, a saber:

$$I_1 = \sum_{i=1}^{4} p_i \cdot A_{i,1} = 0{,}25379 \cdot A_{1,1} + 0{,}39044 \cdot A_{2,1} + 0{,}24849 \cdot A_{3,1} + 0{,}10727 \cdot A_{4,1} =$$
$$0{,}25379 \times 7 + 0{,}39044 \times 3 + 0{,}24849 \times 2 + 0{,}10727 \times 5 =$$
$$1{,}77653 + 1{,}17132 + 0{,}49698 + 0{,}53635 = 3{,}98118; \quad (19)$$

$$I_2 = \sum_{i=1}^{4} p_i \cdot A_{i,2} = 0{,}25379 \cdot A_{1,2} + 0{,}39044 \cdot A_{2,2} + 0{,}24849 \cdot A_{3,2} + 0{,}10727 \cdot A_{4,2} =$$
$$0{,}25379 \times 8 + 0{,}39044 \times 1 + 0{,}24849 \times 4 + 0{,}10727 \times 0 =$$
$$2{,}03032 + 0{,}39044 + 0{,}99396 + 0{,}00000 = 3{,}41472; \quad (20)$$

$$I_3 = \sum_{i=1}^{4} p_i \cdot A_{i,3} = 0{,}25379 \cdot A_{1,3} + 0{,}39044 \cdot A_{2,3} + 0{,}24849 \cdot A_{3,3} + 0{,}10727 \cdot A_{4,3} =$$
$$0{,}25379 \times 5 + 0{,}39044 \times 9 + 0{,}24849 \times 5 + 0{,}10727 \times 1 =$$
$$1{,}26895 + 3{,}51396 + 1{,}24245 + 0{,}10727 = 6{,}13263; \quad (21)$$

$$I_4 = \sum_{i=1}^{4} p_i \cdot A_{i,4} = 0{,}25379 \cdot A_{1,4} + 0{,}39044 \cdot A_{2,4} + 0{,}24849 \cdot A_{3,4} + 0{,}10727 \cdot A_{4,4} =$$
$$0{,}25379 \times 6 + 0{,}39044 \times 5 + 0{,}24849 \times 4 + 0{,}10727 \times 3 =$$
$$1{,}52274 + 1{,}95220 + 0{,}99396 + 0{,}32181 = 4{,}79071; \quad (22)$$

$$I_5 = \sum_{i=1}^{4} p_i \cdot A_{i,5} = 0{,}25379 \cdot A_{1,5} + 0{,}39044 \cdot A_{2,5} + 0{,}24849 \cdot A_{3,5} + 0{,}10727 \cdot A_{4,5} =$$
$$0{,}25379 \times 5 + 0{,}39044 \times 4 + 0{,}24849 \times 4 + 0{,}10727 \times 5 =$$
$$1{,}26895 + 1{,}56176 + 0{,}99396 + 0{,}53635 = 4{,}36102. \quad (23)$$

Diante do exposto, temos que os índices PHIC, arredondados e apresentados com duas casas decimais, obtidos por João, Maria, Regina, Sophia e Walter foram, respectivamente, os seguintes: 3,98; 3,41; 6,13; 4,79 e 4,36.

Características

É difícil expressar num texto com limitações de espaço, insuficiência de tempo e incipiência de formulação, uma maturação mais profunda do trabalho que possibilite o desenvolvimento e o estabelecimento de correlações entre as diferentes características da métrica PHIC, portanto deixo aqui enumeradas algumas de suas características, seguidas por comentários, visando discussões e aprofundamentos futuros.

Pode-se dizer que algumas de suas características mais primariamente identificáveis são:

1. Abrangência: admite a inclusão das mais variadas atividades acadêmicas e evita supervalorizar uma única atividade docente ou um número restrito delas;
2. Dinamismo: os pesos das diferentes atividades podem acompanhar a variação da sensibilidade (ou entendimento) da comunidade acadêmica envolvida ao longo do tempo;
3. Decaimento: o valor de um peso que é pouco avaliado tende a decair com o tempo;
4. Diversidade: permite incluir uma ampla variedade de atividade universitárias;
5. Estabilidade: por ser mais diversa, possui vários pontos de apoio, não ficando restrita a alguns poucos, o que seria fonte de instabilidades;
6. Simplicidade matemática: trata-se de uma combinação linear de números inteiros positivos (que representam as quantidades de cada atividade acadêmica), ponderados por coeficientes, que são os pesos atribuídos a cada um deles;
7. Adaptabilidade (ou Atualização): a métrica PHIC é capaz de se adaptar aos diferentes momentos, pois seus pesos são atualizáveis conforme a sensibilidade da comunidade acadêmica ao longo do tempo;
8. Refinamento: atividades podem ser divididas, ou até mesmo subdivididas, visando atender alguma peculiaridade que lhe é própria (por exemplo: um resumo de trabalho apresentado num congresso pode ser: simples, expandido ou completo) dependendo do seu número de páginas;
9. Admissibilidade: novos termos (ou atividades) sempre poderão ser acrescentados à média e sua magnitude dependerá do peso a eles atribuídos pela comunidade acadêmica;
10. Sensibilidade Coletiva: o peso de cada atividade

é atribuído pela Inteligência Humana Coletiva representada pela comunidade docente;

11. Restringência: tal métrica pode restringir-se a: espaços temporais, regiões geográficas, diferentes universidades, e etc. Tal propriedade resolve o problema da atribuição de um mesmo peso para uma mesma atividade e para diferentes áreas, pois a métrica PHIC pode restringir-se a uma única área de estudos; e

12. Democracia: espírito guia da métrica proposta. Características adicionais ainda poderão ser identificadas com possíveis aperfeiçoamentos futuros.

Resultados esperados

Como, no atual momento, este trabalho consiste na proposição de uma métrica e não na sua aplicação, nenhum experimento, com dados de campo, foi realizado utilizando-se a métrica PHIC. Entretanto, é possível elencar alguns resultados que se esperaria obter, caso tal métrica fosse adotada, como exemplos, teríamos:

- a ampliação do percentual de mestres e doutores na população;
- condições mais equitativa de: acesso, permanência, e conclusão em PPG;
- mais respeito com os diferentes ritmos ou modos de trabalho dos indivíduos;
- menor concentração de bem adaptados a sistemas pedagógicos ou organizacionais que podem estar equivocados;
- maior articulação entre a: educação básica, graduação e pós-graduação;
- maior aproximação entre pesquisa e extensão;
- redução do isolamento da pesquisa enquanto "torre de marfim", que faz com que a pós-

graduação torne-se alvo fácil de projetos políticos autoritários hostis à ciência, à universidade e à cultura;

- inibição de negacionismos dirigidos contra conhecimentos criticamente construídos na universidade;
- valorização do importante trabalho de divulgação e de aplicação de resultados obtidos em trabalhos pós-graduados; e etc.

Observações e possíveis tópicos para discussão

Aqui são apresentados alguns tópicos passíveis de serem aprofundados e investigados em trabalhos futuros:

1. Os pesos poderiam ser introduzidos pelos docentes em plataformas, tal como a Lattes, criando-se nelas alguma funcionalidade para recebê-los. Também poderiam ser criadas plataformas para o atendimento desta demanda especial, dotadas de dispositivos específicos;

2. Como a métrica de avaliação PHIC diz respeito aos docentes, que são os diretamente por ela afetados, a atribuição de seus pesos deve ficar a cargo dos próprios docentes, e não de burocratas de agências governamentais ou executivos de empresas privadas, que possuem pouca relação com a atividade acadêmica desenvolvida nas universidades;

3. O artigo publicado, em periódicos de acesso fechado, representa uma extrema alienação do resultado do trabalho docente. Deve-se acrescentar que isto ocorre com a fração dos trabalhadores com o mais elevado grau de escolarização;

4. É difícil dizer se uma dada atividade acadêmica

é mais importante do que outra. Tudo indica não existir outro ator ou instância, que seja diferente do docente ou da própria comunidade acadêmica, que seja capaz de classificar em graus de importância, caso isto seja realmente possível, as diferentes atividades acadêmicas;

5. A métrica PHIC contempla a diversidade de atividades acadêmicas, o que reflete o caráter salutar do envolvimento do docente com as mais variadas atividades, ou, pelo menos, não fique restrito a poucas;

6. As unidades universitárias deveriam ter seus próprios periódicos (repositórios), nos quais os artigos poderiam ter um tempo de amadurecimento, sendo avaliados por um público interessado mais amplo, antes de serem publicados em revistas de maior visibilidade;

7. Empresas de publicações acadêmicas (editoras) se aproveitam da subjetividade docente (desejo de prestígio) para auferir vultuosos lucros, e usam, também, aspectos subjetivos para atacar aqueles que se insurgem contra tal situação, acusando-os de fracassados que não foram capazes de se adequar ao sistema vigente de extrema exploração do trabalho;

8. A quantidade publicada de artigos acadêmicos não pode ser supervalorizada, sob pena da academia e seus programas de pós-graduação ficarem apoiados numa única coluna e, portanto, perderem estabilidade e tornarem-se presas fáceis de governos autoritários hostis à ciência, à universidade pública, e à cultura;

9. Os programas de pós-graduação não podem se isolar. Devem manter o diálogo com todas as demais atividades universitárias e com elas terem uma convivência produtiva e harmoniosa;

10. A competição entre as diferentes atividades

acadêmicas é empobrecedora, desagregadora e, portanto, enfraquecedora da universidade como um todo;

11. Todo este quadro de competição entre os acadêmicos contribui para a deterioração dos relacionamentos interpessoais na universidade; e

12. A desvalorização do trabalho docente e os elevados índices de exigência culminam com o adoecimento docente e ao seu perecimento (morte simbólica e real).

Algumas considerações finais

Existe real possibilidade de proposição de métrica de avaliação de docentes e de pesquisadores, predominantemente baseada na inteligência humana coletiva da comunidade docente, usando redes de computadores, que seja suficientemente maleável para não privilegiar reducionismos (como a supervalorização da quantidade na publicação de artigos) ou desvalorizar atividades primordiais da atividade acadêmica (como o ensino na graduação). Isto poderia ser alcançado, criando-se numa dada plataforma (que poderia ser, em caráter inicial, por exemplo, a Lattes, ou, posteriormente, outra especialmente desenvolvida para tal finalidade) alguma funcionalidade para a recepção de valores atribuídos aos pesos pelos seus usuários, assim seria possível implementar a métrica aqui apresentada.

A proposição de atividades docentes passíveis de comparecerem na média ponderada, que define a métrica, e sua pertinência seria feita pela própria comunidade docente, onde seus membros, individualmente ou em grupo, fariam a inserção de tais atividades na plataforma coletora. Afinal, é muito difícil estabelecer um método exógeno de classificação das atividades acadêmicas em graus de importância. Portanto, todas as etapas sensíveis deste processo permanecem sob o controle daquela parte diretamente interessada e afetada pela questão da avaliação, e não sob o controle de órgãos públicos ou de empresas privadas (ambos, estranhos à academia).

Em síntese, pode-se dizer que a métrica proposta possui, dentre outras, as seguintes características: abrangência (amplo espectro de atividades), dinamismo (pesos variáveis), diversidade (ampla variedade de atividades), estabilidade (não se restringe a poucas atividades, o que seria fonte de instabilidade), simplicidade matemática, adaptabilidade (possui pesos atualizáveis), refinamento (atendimento às subdivisões peculiares de uma dada atividade), admissibilidade (admissão de novos termos), sensibilidade humana coletiva, restringência (limitação a determinados subgrupos) e etc.

Como a implementação desta proposta pode envolver grandes estruturas organizacionais, como órgãos e agências governamentais ou empresariais, ela deve iniciar-se por meio de um projeto piloto que envolveria um reduzido número de docentes participantes (algumas dezenas ou, talvez, centenas) e com a criação de uma plataforma na internet voltada para a realização de testes e experimentos que a PHIC demandaria. Assim poderíamos entender melhor suas virtudes e limitações em termos mais práticos. Isto seria uma contribuição para o avanço de estudos sobre métricas de avaliação.

Referências

BROFMAN, P.R.; 2012. A importância das publicações científicas. **Revista Cogitare Enfermagem**, v. 17, n. 3, p. 419-421.

DA SILVA, M.E.F.; 2020. "Publique ou Pereça": efeitos do produtivismo acadêmico na produção em periódicos de um programa de pós-graduação em educação (2000-2018). **Inter-Ação**, v. 45, n. 3, p. 621-636, http://dx.doi.org/10.5216/ia.v45i3.61514.

EMBIRUÇU, M.; FONTES, C. & ALMEIDA, L.; 2010. Um indicador para a avaliação do desempenho docente em Instituições de Ensino Superior. Ensaio: **Avaliação e**

Políticas Públicas em Educação, v. 18, n. 69, p. 795-820.

FELIX, G.T.; MIORANDO, T.M.; COSTAS, F.A.T. & DAMILANO, J.L.P.; 2019. **Avaliação do desempenho docente em cursos de pós-graduação como prática institucional participativa.** Repositório UFBA. https://repositorio.ufba.br/handle/ri/31144

MARQUES, F.; 2013. Os limites do índice-h. **Revista Pesquisa FAPESP.** Cienciometria, Ed. 207.

MINOTTO NETO, A.; CORSO, L.L. & COSTA, G.H.; 2021. Uma métrica para avaliação da ocupação docente em instituições de ensino superior. **Avaliação**, v. 26, n. 2, p. 424-445.

MISSUNAGA, D.H.; BOVO, S.R.P; ABBAS, K.; & ZIROLDO, L.; 2021. Avaliação de docentes em instituições de ensino superior: tendências, contribuições e oportunidades de investigação. **Brazilian Journal of Quantitative Methods Applied to Accounting.** Contabilometria, v. 8, n. 1, p. 55-71.

REZENDE, C.H.; BONANNI, R.J.O. & AZEVEDO, H.J.C.C.; 2023. Publish or perish: a cultura acadêmica em crise. **Rev. Cientif. Multidiscip. Núcleo do Conhec.** ano 8, ed. 7, v. 6, p. 62-74. https://www.nucleodoconhecimento.com.br/etica/publish-or-perish

ZUIN, A.A.S. & BIANCHETTI, L.; 2015. O produtivismo na era do "publique, apareça ou pereça": um equilíbrio difícil e necessário. **Cadernos de Pesquisa**, v. 45, n. 158, p. 726-750.

ZUIN, A.A.S. & BIANCHETTI, L.; 2023. Entre o ranking e o rating: A avaliação digital docente na era da sociedade métrica. **Educação e Filosofia**, v. 37, n. 79, p. 529-554.

Agradecimentos

O autor agradece aos idealizadores do Evento "Construindo Outra Pós-Graduação 2024" pela oportunidade de realização do presente trabalho, ao Departamento de Geofísica e ao Instituto de Geociências da Universidade Federal da Bahia (UFBA) pelo oferecimento de condições técnicas e acadêmicas para o seu desenvolvimento, e ao Centro de Pesquisas em Geofísica e Geologia, CPGG, pelos seus princípios interdisciplinares expressos em seu regimento e pelo compromisso, de ampliação de seu escopo às questões sociais e humanas, manifestado por sua diretoria em suas próprias reuniões e naquelas de órgãos colegiados da UFBA.

10

DEPOIS DO INCÔMODO: PROPOR E AGIR!

Claucia Piccoli Faganello
Juliana Crespo Lopes
Igor Vinicius Lima Valentim

As inquietações aqui apresentadas foram fruto do aprofundamento das questões debatidas na II Edição do evento Construindo Outra Pós-Graduação, que foi realizado em maio de 2024 na UFRJ, Rio de Janeiro. Esse evento, que já está se consolidando como um encontro anual de inquietos, nos desafia a pensar além das estruturas convencionais dadas como caminho certo a ser seguido na pós-graduação. É um chamado não apenas para desconstruir o que já não nos serve, mas também para criar, juntos, os mundos e caminhos que desejamos habitar e construir nas pós-graduações futuras.

Neste livro, cada capítulo procurou trazer um olhar crítico, reflexivo e, ao mesmo tempo, propositivo. Não se trata apenas de listar problemas ou de criticar por criticar, mas de criar espaço para um diálogo construtivo, que acolha as experiências vividas por discentes, docentes e pesquisadores e que leve à ação. É nesse sentido que esperamos que a leitura tenha trazido ainda mais dúvidas do que certezas, pois acreditamos que o conhecimento é construído assim.

Cada texto aqui reunido foi escrito por um aluno, pesquisador ou professor que acredita que as pequenas mudanças começam por nós acreditarmos que elas são possíveis. Esses textos são parte de um mosaico maior, em parte já escrito e em parte ainda a ser sonhado, pensado e transformado em texto nas próximas edições do Construindo Outra Pós-Graduação.

A construção de outra pós-graduação, como sonhamos, passa pela coragem de abrir fissuras nas estruturas rígidas que encontramos hoje. Fissuras que permitem a entrada de novas perspectivas, que incorporam o cuidado em suas múltiplas dimensões e que priorizam as relações honestas, éticas e respeitosas entre todos os envolvidos.

Ao longo deste livro, discutimos não apenas o que nos inquieta, mas também o que nos inspira. Desde a necessidade de estabelecer pontes mais fortes entre a pós-graduação e os outros níveis de educação até os desafios dos programas interdisciplinares, cada capítulo trouxe contribuições que, esperamos, possam alimentar outras reflexões e iniciativas. Não buscamos aqui fórmulas prontas, mas sementes que plantadas possam nascer em diferentes contextos e práticas acadêmicas.

Encerramos com um convite para a ação: você pode começar escrevendo suas propostas para se somar às nossas. Precisamos viver, praticar e incorporar em nossas atitudes as teorias e ideias que apresentamos. Que as inquietações que aqui apresentamos se transformem em impulso para reimaginar a pós-graduação como um espaço mais inclusivo, justo, criativo e conectado com a realidade social brasileira. Que o incômodo, tão presente nas discussões e propostas deste livro, possa motivar cada leitor a também criar suas próprias fissuras nos espaços em que atua. E, acima de tudo, que possamos continuar a sonhar, juntos, com novas possibilidades para a educação superior.

Assim como no final do volume 1, experimentamos aqui um exercício a partir da leitura de todos os capítulos do livro, em busca de imagens das propostas apresentadas, em uma forma mais alinhada a uma divulgação científica ampla e irrestrita, que dialogue com outros meios e públicos. Construímos uma interpretação nossa de como os textos nos atravessaram, o que pode ou não refletir as visões de autoras e autores sobre suas próprias contribuições. Como falamos no primeiro volume: ao mergulhar e revisitar todos os textos, foi possível um exercício de imaginação, de construção de pontes, linhas, arranjos, rearranjos e conexões.

Queremos saber: sobre estradas e pontes

Aretusa Brandão Brito

- EDUCAÇÃO BÁSICA
- PESQUISA COM E PELA ESCOLA
- EXPERIÊNCIA E APRENDIZAGENS
- CURIOSIDADE E PESQUISA
- DIVULGAÇÃO CIENTÍFICA
- INTERCÂMBIO UNIVERSIDADE E EDUCAÇÃO BÁSICA

A mudança necessária nas instituições de Educação Superior

Caian Cremasco Receputi

Carta aberta à CAPES

Cláucia Piccoli Faganello e
Rosiane Alves Palacios

- POLÍTICA NACIONAL DE CUIDADO PARA A ACADEMIA
- DIVERSIDADE E GRUPOS MARGINALIZADOS
- SAÚDE MENTAL E VULNERABILIDADES
- DIREITOS TRABALHISTAS PARA BOLSISTAS
- ESPECIFICIDADES REGIONAIS
- COMBATER ASSÉDIOS
- REESTRUTURAR MODELO DE BOLSAS

Por uma pós-graduação baseada em perguntas, curiosidades e tesão

Igor Vinicius Lima Valentim

- VALORIZAR O NÃO SABER
- ESTIMULAR INOVAÇÕES CIENTÍFICAS
- CRIATIVIDADE
- PRAZER E ENTUSIASMO COMO BASILARES
- INTERESSES ORIGINAIS X INVESTIGAÇÕES DIRECIONADAS
- ESTIMULAR A ATO DE PERGUNTAR
- ESTIMULAR A CURIOSIDADE

Sintomas da crise da pós-graduação face à emergência das TICs

José Maria Carvalho Ferreira

- TECNOLOGIAS DE INFORMAÇÃO E COMUNICAÇÃO
- DESAJUSTE EPISTEMOLÓGICO
- DILEMAS ÉTICOS E SOCIAIS

Ensinar e orientar na pós-graduação:

Juliana Crespo Lopes

- ESTIMULAR A VULNERABILIDADE NA ORIENTAÇÃO
- FOMENTAR APRENDIZAGENS CENTRADAS NOS ESTUDANTES
- APRIMORAR FORMAÇÃO DOCENTE
- DESENVOLVER HABILIDADES PEDAGÓGICAS
- ESTIMULAR PRÁTICAS COLABORATIVAS
- ESTIMULAR O DIÁLOGO NA ORIENTAÇÃO

Demandas de uma pós-graduação nas interfaces

Maíra Monteiro Fróes

- CONEXÕES TRANSEPISTÊMICAS
- PPGS INTERDISCIPLINARES
- ADAPTAR CRITÉRIOS CAPES

Por uma métrica mais abrangente

Wilson Mouzer Figueiró

- REPENSAR A AVALIAÇÃO
- MATEMÁTICA MAIS ABRANGENTE
- VALORIZAR OUTRAS ATIVIDADES ACADÊMICAS

DEPOIS DO INCÔMODO 177

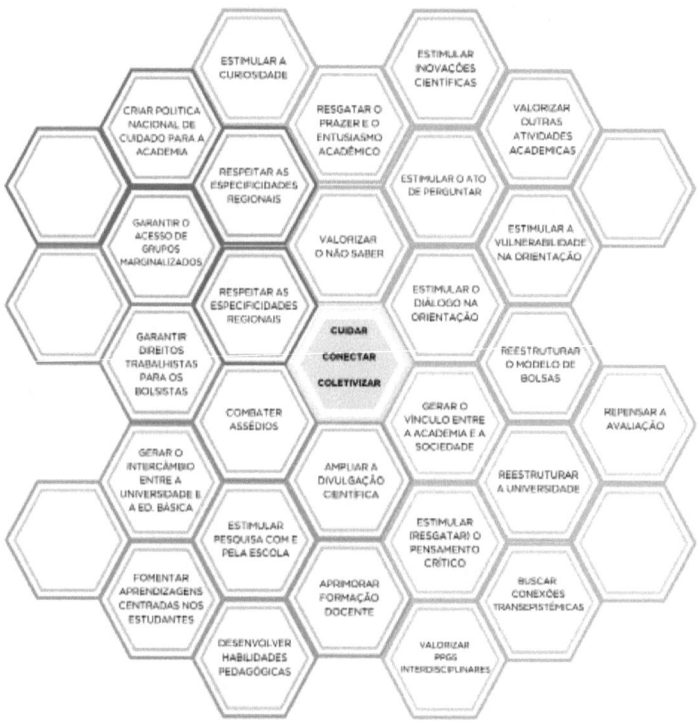

ÍNDICE REMISSIVO

A

abandono 54, 62-63, 96

abertura 55, 73-74, 79, 104, 126

abusos 60

academia 27, 57, 65, 71, 74, 80, 139, 152, 159, 161

ação 23, 28, 85, 92, 106-110, 127, 161

acessibilidade 126

acesso 21, 34, 48, 57, 61, 64-66, 126, 146-147, 157-158

acolhimento 43, 45, 54

adaptabilidade 135, 156, 161

adoecimento 37, 48, 54, 66, 138, 160

afeto 112, 124

alegria 76-80, 143

alfabetização 43

alternativas 28, 30, 120, 139

alunos 27-28, 31, 57, 70, 73, 85, 88, 90-92, 95-96, 147-148

amadurecimento 159

anseios 41, 47

ansiedade 54, 58, 62

aperfeiçoamento 37, 53, 59, 120, 130, 136

aplicação 28, 119, 146, 149, 157-158

apoio 43, 57, 62, 110, 112, 128, 130, 156

aprendizagem 26-29, 31, 78, 95, 107, 111

aprimoramento 107, 119, 152

arrogância 71

articulação 28, 87, 135, 157

atenção 58, 85, 111, 123

atitudes 71, 74

atividades 42, 70, 78, 91, 105, 107-108, 126, 135, 143, 145, 148-153, 156, 159-161

aulas 25, 74, 79, 107-108, 110-111, 143, 147

autoconhecimento 147

autoconsciência 41, 119

autocuidado 56

autoetnografia 66, 79

autoformação 97, 108

autoimagem 75

autonomia 31, 41, 61, 93, 95, 98, 106, 108, 126, 136

autor 24, 43, 142, 144, 146-147, 163

autoridade 71, 89-90, 95-97

autoritarismo 48, 71

avaliação 43-44, 114, 122-123, 128, 133, 135, 139-141, 143, 145, 147-148, 158, 160-162

aventuras 79

B

barreiras 93, 127

bem-estar 56-58, 60, 63, 123

bolsa   28, 31, 62

C

caminhos 27-28, 30, 41, 45, 81, 110, 113, 120, 122, 127

campo 23, 28, 64, 89, 95, 110, 120, 126, 149, 157

capacidade 31-32, 42, 69, 71, 78, 85, 93, 97, 119, 124, 141

capacitação 124

capitalismo 86-87, 90-91, 93, 106

caráter 120-121, 136, 145, 159-160

cátedra 41

cenário 23-24, 37, 48, 55-57

cerceamentos 127

cérebros 42, 48, 54, 66

certezas 72, 80

cidadania 31

ciência 22, 25, 27, 29-30, 33, 38, 40, 42, 48, 55-56, 59-61, 63-65, 74, 78, 94, 119, 121-122, 124-125, 127-130, 135, 137, 139-144, 158-159

cientistas 29, 60, 73

citações 137, 144, 146

civilização 41, 86, 114

coerência 127

colaboração 28, 107

colegas 70, 105, 107-108

colegiados 137, 163

competências 24, 85, 87-88, 91-92

comportamento 44, 85, 95, 98, 111

compreensão 21, 40, 43-44, 103, 112

comprometimento 139

compromisso 31, 57, 63, 122, 126, 163

comunicação 24, 30, 85, 91, 97-98, 122, 127, 140

comunidade 27-28, 32-33, 57-58, 61-62, 129, 140, 144-145, 156-157, 159-160

conceito 56, 121, 126

concurso 104

conexão 27, 38

confiança 123-124

conflitos 45, 99

conforto 126

congresso 64, 156

conhecimentos 26, 29-30, 32, 39-40, 72, 103-105, 107, 109, 111, 119, 121, 135, 158

consciência 37, 78, 89, 129

consenso 39, 121

Constituição 30, 33, 41

constrangimentos 127

contradições 85, 99

convivência 30-31, 159

crescimento 25, 37, 39, 42, 47, 53, 147

criação 28-29, 37, 41, 47, 53, 61-62, 73, 87-88, 92, 121, 124, 126, 129, 151, 161

criatividade 69, 73, 79, 95, 121, 124, 141

critérios 81, 120, 122-123, 129, 148

crítica 30, 40-41, 80, 85, 125, 127, 141

cuidado 51, 55-64

cultura 22, 43, 47, 49, 58, 81, 127-128, 138-139, 158-159, 162

curiosidade 22, 31, 69, 71-72, 74-76, 79, 81, 123

cursos 29, 37, 44, 53-55, 91-93, 106, 109, 120, 122-123, 125, 129, 136, 148, 162

D

decisão 89-90, 93, 95, 97

ÍNDICE REMISSIVO

dedicação 55, 57, 61, 79, 104, 111

defasagem 26, 111

dependência 47

depressão 54, 58, 62

desabafo 106

desafios 24, 26, 28, 57, 59, 62-63, 65, 74, 89, 112, 114, 116, 121, 124-125, 127

descaso 28

descobertas 22, 24, 76, 123, 140

desempenho 37, 44, 146, 148, 161-162

desigualdades 25, 53, 58, 60-61, 114

desvalorização 26, 58, 137, 142-143, 160

diálogo 30, 32, 58, 62, 75, 110, 113, 120, 124, 129, 143, 148, 151-152, 159

dificuldades 54, 62, 110-111

dilema 88, 97, 99

diretrizes 25, 61, 104, 114, 136

discentes 72, 103, 108, 113, 123, 147

disciplinas 29, 79, 87-88, 104, 108, 120, 122, 125-126, 148

discipulos 135

dissertações 26, 44, 108

distanciamento 44

diversidade 23, 27, 123-124, 135-136, 145, 156, 159, 161

docência 44, 103, 105-108, 113-114, 116

docentes 49, 72, 75, 79, 103-104, 106-108, 113, 123, 135-136, 138-139, 142, 144-145, 147, 149-153, 155, 158, 160-162

doutorado 26, 55, 73, 79, 93, 101, 103-104, 106-107, 111-113, 115, 151

E

economia 56, 66, 88, 94, 119, 121, 125

editais 73, 104

educação 21, 24-33, 35, 37, 43, 48, 53-55, 60, 64, 69-70, 74, 78, 103-109, 113-116, 119-121, 125, 135, 145, 147-148, 157, 161-162

eficiência 78

emergência 83, 85, 91-92, 94, 96

emigração 42

emoção 77, 92

empobrecimento 139

empregabilidade 88

ensino 21, 25-32, 35, 38-41, 43, 45-46, 48, 53, 57, 61, 63, 69, 79, 97, 104-105, 107-108, 114-115, 122, 137-139, 143, 147, 150-151, 160-162

entretenimento 29

entrevistas 27

epistemologia 86, 94-95

equidade 58, 64, 147

equilibrio 148

equitativo 61, 63

escola 21, 24, 26-28, 32, 39, 41, 60, 114, 122

escrita 22, 105, 108

escuta 31, 54, 79

esforços 25, 53, 105

esgotamento 58, 62, 129

espaços 24, 26, 31, 43, 90, 93-94, 106-107, 109, 111, 126, 128-130, 137, 143, 157

esperança 27-28, 33

espontaneidade 93, 95

estabilidade 62, 97, 119, 135, 156, 159, 161

estágio 27, 108, 116, 151

estímulo 73-74, 78-79, 123-124, 126, 129

estratégias 44-45, 88, 90-91, 108

estudantes 25-26, 29, 32, 37, 40, 46-47, 54, 57-63, 70, 73-75, 78-81, 103, 106-109, 111-116, 123-128, 136

estudos 23, 33, 42, 46, 48, 53-54, 58, 60, 62-63, 111, 114, 147, 157, 161

etarismo 62

ética 53, 55, 57, 86

evasão 54, 65-66

evolução 65, 86-88, 98

excelência 59-60, 120, 123, 129

exigências 88, 138, 142

expectativas 110

experiências 21, 27, 31, 55, 71, 76, 80, 97, 104, 106-107, 110-111, 113, 126, 130

experimentação 81, 142

experimentos 79, 149, 161

exploração 89, 159

F

falsificação 142

favorecimento 119, 126-127

filme 77

financiamento 37, 43, 59-60, 105, 130, 138

fomento 37, 40, 44, 129-130, 136, 138-139

formação 25, 37-40, 42, 44, 46-49, 53-54, 59, 61, 85-90, 92-99, 101, 103-104, 106-107, 113, 116, 120-122, 125-129, 147

fragilidade 110

fronteiras 24, 116

frustração 109

funcionários 46, 88-90, 92, 95-96

futuro 21, 26, 28, 31-33, 60, 90

G

gênero 23, 56, 58

generosidade 129

genocídio 86, 98

gestão 29, 42, 44, 53, 59, 63, 88, 143, 145, 150

globalização 24

governo 53, 55

H

habilidades 30-31, 104, 111, 113

hierárquica 89-90, 93, 95-97

hipóteses 69, 80, 89, 96, 98

horizontalidade 106

humanidade 22-23, 119, 125, 129

I

ideia 30, 40, 78, 104, 119, 121, 144

ideologia 72, 144

ilusão 31

imaginação 124

imaterialidade 92

impaciência 22

impacto 66, 86, 98, 128, 136, 139, 145-147

improvisação 120, 126

incentivo 26, 41, 112, 126

incertezas 31, 72, 80

incompetência 72

individualismo 136

informalidade 93, 95

ingresso 55, 103, 114

inibição 135, 158

iniciação 44, 105, 110, 148

iniciativas 28, 107, 123

inovação 79, 119, 121

insegurança 80

instantaneidade 92-93

inteligência 70, 91-92, 135, 145, 148-149, 151, 157, 160

interdisciplinar 29, 121-125, 127-129, 151

interesses 29, 41, 74

interfaces 117, 119-121, 123, 125, 127, 129

invenções 22, 24

investigação 30, 44, 69, 126, 162

invisibilidade 142

isolamento 38, 46, 157

J

justiça 25, 57, 62, 64

L

leitura 21, 123

liberdade 41, 95, 97-98, 115, 126

liderança 61, 89-90, 93, 95, 97

M

magistério 26, 104

mestrado 21, 26, 55, 66, 73, 79, 92-93, 101, 103-104, 106-107, 111, 113, 115

metodologias 79, 85, 129

métrica 133, 135, 141, 144-145, 147-152, 155-162

N

negacionismos 135, 158

neoliberalismo 42, 49

O

objetivos 37, 74, 88, 91, 125

obrigatoriedade 104

obstáculos 26

oficinas 29, 106

omissão 85, 98

oportunidades 42, 54-55, 106, 126, 162

organização 29, 31, 37, 40, 108, 120, 128

orientação 54, 89, 96, 103, 105-113, 115-116, 137, 151

orientador 69, 73, 96, 112

originalidade 96, 98

P

padrões 125-126, 141

pandemia 25, 53, 106, 111, 114

paradoxo 142

parentalidade 56

pedagogia 33, 69, 85-86, 92, 94, 97-99

pensamento 38, 41, 46, 122-123, 126-128

periódicos 136, 138, 140-142, 144, 146, 151, 158-159, 161

permanência 61, 157

perspectivas 26, 42, 58, 112, 122, 124-125

pesquisa-ação 109

pesquisas 27-29, 33, 38, 40, 44, 53, 69, 71-75, 80, 87-88, 91, 98, 114, 122, 125, 128-129, 140, 148, 163 planeta 23, 30, 32, 86, 98, 119, 123-125, 129

políticas 28, 30, 44-45, 55-58, 60-63, 87, 114, 162

possibilidades 21, 55, 105-106, 116, 120-121, 123, 126, 129

posturas 71, 74-75

potência 23, 110, 125, 143

prazer 124

prazo 55, 59, 108

precariedade 57-58, 60-61

preocupação 53, 104, 141

prestígio 92, 135, 142, 144, 159

princípios 64, 87, 90, 120, 139, 163

prioridade 63, 120

privilégio 38

problema 43-46, 73, 136, 139, 157

produção 23, 25, 27, 37, 40-44, 47-49, 54, 58, 60, 62-63, 66, 78, 85, 91, 93-94, 105, 112-113, 119, 122-123, 125, 129, 136-137, 139, 141-142, 145, 161

produtividade 48, 58, 78, 136, 145-147

produtivismo 48, 138-139, 161-162

professores 24-25, 27-28, 31-32, 37, 43-44, 48, 59, 73-74, 78, 85, 88-90, 92, 95-96, 116, 126-127, 143, 148

programas 26, 28, 44-46, 53, 55, 59, 61-62, 73, 79, 90, 93, 104, 106, 120, 122-123, 127-130, 133, 135-136, 143, 159

progresso 23, 37, 86, 139, 143

projetos 28, 41, 43, 73-74, 78, 81, 135, 142, 149, 158

propósito 29

proposta 21, 55, 57, 59, 64, 113, 125, 135, 144-145, 148-149, 151, 157, 161

protagonismo 145

proteção 54, 57, 61

provocação 55, 58, 71, 103

publicação 44, 136, 141-145, 151, 160

Q

questionamentos 74, 78, 113, 143

questionários 27, 147

R

rachaduras 109, 113

racionalidade 139

rankings 107

ranqueamentos 105

razões 24, 87, 96

recomendação 103

reconhecimento 24, 58, 121-123, 129-130

recursos 29, 45, 59, 61, 63, 121, 123-124, 127, 137, 141

redes 28-29, 91-92, 127-128, 160

reducionismo 126, 141, 144

reflexividade 26

relacionamento 38, 136

relações 24, 32, 42, 54, 62, 74, 88-89, 93-94, 96-97, 103, 106-107, 112, 127, 147

relevância 37, 144

remoto 79

remuneração 54, 58, 138, 142

repositórios 137, 159

resiliência 127

respeito 63, 69, 89, 97, 104, 110-112, 139, 157-158

responsabilidade 47, 56, 112

respostas 22, 69, 72-73, 75-76, 78, 80, 106

resultados 24, 27, 135, 140, 147, 157-

ÍNDICE REMISSIVO

158
retrocessos 39, 45
revisão 33, 66, 81, 137, 151
revolução 48, 74, 125
risco 78, 81
robôs 70-71

S

sabedoria 72
saberes 24, 27, 29-30, 72, 108, 119, 123
salário 57
satisfação 77
saúde 43, 53-54, 57-58, 62, 66, 75, 111, 138
saudosismo 23
secretarias 45
seguidores 29
segurança 62, 123
seleção 40, 81, 108
seminários 29, 79
sensibilidade 156, 161
sentido 27-28, 30, 58, 60, 69, 75, 77, 79, 85, 91, 95-97, 106-107, 109, 113, 126-128, 140
sentimento 27, 127
sexismo 62, 115
silêncios 89, 96
simplicidade 135, 140, 149-150, 156, 161
sindicância 152
sindicatos 45, 47
singularidades 87
sintomas 83, 136, 138
sociedade 24-25, 27-29, 37-43, 45-47, 63, 70, 72, 74, 80, 85, 87-88, 91, 115, 139-140, 153, 162
sociologia 88, 94
sofrimento 37, 49, 111
soluções 45, 55, 61, 107, 121, 124, 128
subjetividade 26, 159
superação 42-43, 45-47, 120
superioridade 98
supervalorização 136, 138, 141, 143-144, 148, 160
supervisão 45, 108-109
SUS 43
sustentabilidade 119, 123, 126

T

tabu 54
técnicas 44, 105, 121, 126, 147-148, 163
tecnociência 91-92
tecnologias 23-24, 38, 85, 90-91, 98, 123, 125-126
territórios 29, 80
terror 139
tesão 67, 76, 78, 80
teses 26, 42, 44, 87, 92, 96, 98, 108
texto 30, 32-33, 71, 74, 77, 136, 155
TICs 83, 85-86, 90-92, 94, 96, 98
título 103, 113, 147, 151
trabalhadores 43, 47, 158
transdisciplinares 79, 120
transformação 23, 46, 75, 85, 88, 92, 121
transmissão 39-40, 143
treinamento 44, 127
tristeza 70

U

universidade 21, 28, 32, 35, 38-49, 54, 66, 75, 107, 115, 121, 130, 135, 139, 143, 158-160, 163

universo 22, 69, 72, 77-78, 123

urgência 32, 53, 56, 58, 129

utilidade 85, 88

utopia 31

V

vaidades 144

valor 85, 87, 93, 119, 122, 140-142, 148, 152, 154, 156

valorização 123-124, 135-136, 139, 151, 158

verdade 73, 78, 85, 103, 106, 119, 141

viagem 21

vícios 126

vida 21, 23, 26, 28, 32, 42, 56-59, 74, 92, 96, 105, 108-109, 122, 125

violência 89, 109, 139

virtude 73

vivências 30, 42, 76, 78, 106, 111, 127

vocação 28

vontade 63, 107

vozes 33, 62

vulnerabilidade 57, 106

SOBRE AS AUTORAS E OS AUTORES

ARETUSA BRANDÃO BRITO

Licenciada em Pedagogia e diretora do Núcleo de Escolas Municipais Rurais III em Mogi das Cruzes, onde atua na Educação Infantil e no Ensino Fundamental I.

Mestranda em Estudos Culturais pela EACH-USP, pesquisa sobre as identidades e autorrepresentações docentes.

Mulher parda, mãe, professora, aluna, gateira, ouvinte de histórias e apaixonada pela educação.

CAIAN CREMASCO RECEPUTI

Mestre em Ciências pelo Programa de Pós-Graduação Interunidades em Ensino de Ciências da Universidade de São Paulo (2019). Licenciado em Química pela Universidade Federal do Espírito Santo (2015). Durante a graduação foi bolsista de Iniciação à Docência (PIBID). Possui experiência na área de Ensino de Química. Atuou como professor substituto UFES (2015-2017), lecionando, principalmente, disciplinas de Metodologia Científica e Química Básica. Atualmente é professor da Educação Básica, doutorando no PIEC/USP e membro do grupo de pesquisa Linguagem no Ensino de Química (LiEQui). Desenvolve projeto de pesquisa na linha de Formação de Professores, utilizando como aporte teórico-metodológico a Teoria das Representações Sociais. Participa do corpo editorial da Revista BALBÚRDIA - Revista de Divulgação Científica dos Discentes do PIEC-USP. Contato: caian.receputi@gmail.com

CLÁUCIA PICCOLI FAGANELLO

Curiosa, inquieta e questionadora.

Graduada em Administração: Gestão Pública (UERGS) e Direito (UniRitter), especialista em Gestão Pública Municipal (UFRGS), mestre em Sociologia (UFRGS) e doutora em Administração (PUCRS).

Quem quiser trocar experiências e construir pontes, pode entrar em contato através do e-mail claucia.f@gmail.com

IGOR VINICIUS LIMA VALENTIM

Nasci no Rio de Janeiro e sempre adorei viver uma vida quase nômade. As histórias das pessoas me fascinam. Morei em lugares como Porto Alegre, Balneário Camboriú, Itajaí, Criciúma, Ribeirão Preto, Itapiranga, Lisboa (Portugal) e na ilha de São Miguel, no meio do oceano atlântico, no arquipélago dos Açores. Atualmente trabalho na UFRJ, na Graduação e no Programa de Pós-Graduação em HCTE.

Encantam-me temas polêmicos, pouco discutidos, jogados para debaixo do tapete ou deixados nos bastidores. Alguns assuntos com os quais tenho trabalhado: cafetinagem acadêmica, poder, curiosidade, pesquisa qualitativa, autoetnografia, cartografia, metodologias ativas, educação, universidade, transdisciplinaridade, subjetividade e confiança.

Você pode me achar no Youtube Experiências e Epifanias ou por e-mail: valentim@gmail.com. Anteriormente, escrevi algumas coisas, tais como:

- Cafetinagem acadêmica, assédio moral e autoetnografia
- Metodologias ativas no ensino remoto: uma autoetnografia
- Metodologias ativas na Pós-Graduação: escuta, curiosidade e amor
- Desafios e estratégias na Pós-Graduação: uma conversa necessária
- Economia Solidária em Portugal: inspirações cartográficas

JOSÉ MARIA CARVALHO FERREIRA

Sociólogo e Professor Catedrático do Instituto Superior de Economia e Gestão (ISEG) da Universidade de Lisboa (ULISBOA) onde é o responsável pelas disciplinas de Psicossociologia das Organizações, Comunicação e Negociação e Movimentos Sociais no Contexto da Globalização. Foi Presidente do SOCIUS (Centro de Investigação em Sociologia Económica da Organizações) do ISEG desde 1991 a 2012, com exceção entre 2002-2006. Foi Coordenador do Programa de Doutoramento em Sociologia Económica e das Organizações do ISEG e é Coordenador da linha de investigação "Desenvolvimento Sustentável, Terceiro Setor e Redes Sociais do SOCIUS/ISEG-ULISBOA. Tem escritos vários livros e artigos publicados por revistas e editoras nacionais e internacionais.

JULIANA CRESPO LOPES

Psicóloga e Pedagoga de formação, seguiu toda a cartilha do percurso acadêmico, até o pós doc (que não é um título, mas é algo legal de se fazer!). Atualmente produz conhecimentos sobre Psicologia da Educação junto a estudantes da UFPR. Muito recentemente se credenciou na pós-graduação e segue buscando construir práticas educacionais decoloniais e centradas em estudantes por onde passa.

MAIRA MONTEIRO FRÓES

Doutora em Ciências Biológicas (Biofísica) pela Universidade Federal do Rio de Janeiro, complementada pela Faculdade de Medicina Albert Einstein, Yeshiva University, Nova York, pós-doutorado no Collège de France, Paris, e atualmente professora associada da Universidade Federal do Rio de Janeiro. Investigações anteriores abrangem biofísica celular e neurobiologia. Mais recentemente, em primeiro plano, a interface entre neurobiologia de sistemas e epistemologia, na qual a arte é explorada como sistema de acesso e domínio dos processos subjetivos e objetivos de construção do conhecimento humano de mundo, contribuindo como referência paralela para uma neuroepistemologia emergente que considera recursos não cognitivo-narrativos envolvidos nos bastidores da vivências e concepções científicas. Maira é coordenadora do grupo interdisciplinar Anatomia das Paixões e do Laboratório de Neuroepistemologia Experimental, diretora geral do Complexo de Laboratórios de Métodos Avançados e Epistemologia, do Instituto Tércio Pacitti de Aplicações e Pesquisas Computacionais e do Programa de Pós-Graduação em História das Ciências e Técnicas e Epistemologia, na Universidade Federal do Rio de Janeiro. Também, palestrante TEDx e seminarista no Salzbourg Global Seminar.

ROSIANE ALVES PALACIOS

Curiosa e com múltiplos interesses de pesquisa, Rosiane é mestra e doutoranda em Administração pela PUCRS, graduada em Administração de empresas e em Gestão Pública pela UNIPAMPA. Realizou estágio de pesquisa na Stellenbosch University na África do Sul e período de Doutorado Sanduíche na Danube University Krems, Áustria, pesquisando governança migratória e acolhimento de refugiados em cidades. Além de temas relacionados a governo, se interessa por estudos de gênero, precarização do trabalho e políticas de cuidado.

WILSON MOUZER FIGUEIRÓ

Realizou: Bacharelado em Matemática pela Universidade Federal do Rio de Janeiro (UFRJ, 1979-1983), Doutorado em Geofísica pela Universidade Federal da Bahia (UFBA, 1990-1994) e, também, Pós-Doutorado em Sísmica no Laboratório de Geologia da Escola Normal Superior (ENS) de Paris (França, 1997-1999). Presentemente: é professor do Departamento de Geofísica (DGf, desde 1992) do Instituto de Geociências (IGEO) da UFBA, e é pesquisador do Centro de Pesquisa em Geofísica e Geologia (CPGG, desde 1997) nas seguintes linhas: Inversão Geofísica, Geofísica Matemática, História e Filosofia das Geociências, e Educação Superior. Além de ministrar disciplinas técnico-científicas, ensina outras de caráter histórico-filosófico, assim intituladas: Evolução do Pensamento Geocientífico, e Teoria e Métodos em Geociências. Estuda (de modo não vinculado a instituição especializada) Filosofia e suas relações com as Ciências, mais especialmente com as Geociências e as Matemáticas. Frequentou o IFCS (Instituto de Filosofia e Ciências Sociais) da UFRJ como aluno livre nos anos da década de 1980. É Amante: do Conhecimento (em sua Abrangência Universal e em sua Construção Crítica) e, também, da Alegria do Aprender, do Ensinar, do Questionar, e do Viver.

www.ingramcontent.com/pod-product-compliance
Lightning Source LLC
LaVergne TN
LVHW041940070526
838199LV00051BA/2848